LA VOYANCE AUTREMENT

Collection ABC

ABC de l'Astrologie, D. Caumon-Paoli
ABC de la Cartomancie, G. Sciuto
ABC de la Graphologie, M. Moracchini
ABC de l'hypnose, E. Barone et J. Mandorla
ABC de l'Astrologie Chinoise, D. de Caumon
ABC des Rêves, C. Genest
ABC du Yoga, M.-F. Lemoine
ABC des Tarots, C.H. Silvestre
ABC des couleurs, D. Béresniak
ABC du Yi-King, B. Ducourant
ABC de la Morphopsychologie, C. Binet
ABC de la Géomancie, A.-M. Cacciaguerra
ABC du Magnétisme, J. Mandorla
ABC des Sciences Occultes, L. Maar et C.H. Silvestre
ABC de la Numérologie, J.-D. Fermier
ABC des Prévisions Astrologiques, D. de Caumon
ABC de la Morphochirologie, M. Bouillon et P. Rouillier
ABC de la Radiesthésie, J.-L. Crozier et J. Mandorla
ABC de la Géobiologie, D. Semelle
ABC de la Chance, G. Schwinn
ABC de la Symbolique du tarot, C. Silvestre-Haéberlé

Collection ORACLE

L'Oracle de Belline, C. Silvestre-Haéberlé
Numérologie : Le livre des cycles, J.-D. Fermier
Numérologie : Le symbolisme des lettres, J.-D. Fermier
Votre avenir au quotidien par les tarots, C.-H. Silvestre
12 meilleures méthodes pour tirer le tarot, C.-H. Silvestre
Prévisions astrologiques jusqu'à l'an 2000, M. Delambre
La Numérologie au quotidien, J.-D. Fermier
Le livre des signes et des symboles, Schwarz-Winklhofer-Biedermann

Collection AUTREMENT

La Numérologie Autrement, M.-L. Roth-Duquesne
L'Astrologie Autrement, M. Duquesne
La Couleur Autrement, Brigitte Gautier
La Dynamique Mentale Autrement, M.-L. Roth

CORINNE MOREL

LA VOYANCE AUTREMENT

Directeur de Collection
Michel Grancher

JACQUES GRANCHER
98, RUE DE VAUGIRARD
75006 · PARIS

Avant-propos
Introduction à l'édition

« Il marqua une pause et me regarda comme s'il voulait juger de l'effet de sa déclaration.
"Tes actes, ainsi que, d'une manière générale ceux de tes semblables, te semblent importants parce que tu as appris à penser qu'ils sont importants."
Il donna au mot "appris" une telle inflexion que je fus obligé de lui demander ce qu'il voulait ainsi exprimer.
Il cessa de manipuler ses plantes et me regarda.
"Nous apprenons à penser à propos de tout. Et ensuite nous entraînons nos yeux à regarder comme nous pensons aux choses que nous regardons. Nous nous regardons en pensant déjà que nous sommes importants. Par conséquent il faut que nous nous sentions importants ! Mais lorsqu'un homme apprend à voir, il se rend compte qu'il ne peut plus penser aux choses qu'il regarde, et s'il ne peut plus penser à ce qu'il regarde, tout devient sans importance." »[1]

Septembre 1985... La dernière consultation se termine, ma journée de travail s'achève. Seule, dans mon bureau, je réfléchis. Qu'est-ce qui ne va pas? D'où me vient cette insatisfaction? Pourquoi ce malaise? Pourquoi cette impression de me tromper, d'être trompée? Sensation lancinante, culpabilité mordante, amertume naissante... cas de conscience ! Depuis quelques mois, j'exerce la profession de « voyante »,

---

1. C. Castaneda : *Voir*, p. 108.

métier que j'ai choisi, rôle que j'ai désiré, travail que j'aime... et pourtant, je ne peux m'empêcher de ressentir cet écart qui se creuse, lentement mais sûrement, entre mes attentes originelles et ma réalité actuelle.
Alors ? M'arrêter, il n'en est pas question. Je ne peux interrompre une histoire qui vient de commencer, sans comprendre pourquoi, sans savoir où est la faille. Ma situation n'est pas à ce point intolérable. Je me dois de poursuivre l'expérience, mais pour qu'elle soit enrichissante, il me faut donner du sens à ce qui se passe.

Octobre 1985... Nous franchissons, moi, mes doutes et mes questionnements, la porte du D.U.P.S.[1] Lieu d'accueil, certitude d'avoir frappé à la bonne porte. Ici, je peux trouver les mots pour exprimer mes maux. Là, je peux mentaliser, analyser, disséquer, disloquer, synthétiser mon étrange situation.
Cet ouvrage, résultat de mon cheminement personnel, constitue le réceptacle de mes interrogations et l'élaboration des réponses qu'il m'a semblé possible d'y apporter.

Septembre 1988... C'est là que s'achève mon passionnant, et ô combien éprouvant, voyage. Il est temps d'arrêter. Cet écrit met un terme à mon statut de « voyante » que je porte depuis maintenant plus de quatre années. Alors... Terminus, je descends ! Mais vous restez... restez pour me lire, car c'est là que commence la véritable reconnaissance.

Avril 1992... Publication de mon travail. Plus de trois années se sont écoulées depuis son écriture. Pourtant, si ma situation a changé, ma position par rapport à la voyance est demeurée la même, voire même mes questionnements se sont exaltés. Cependant, en regard de ces trois années écoulées et de

1. Diplôme Universitaire de Pratiques Sociales : Cursus d'études en sciences humaines (orientation psychologie, sociologie, anthropologie), reposant sur une théorisation de problèmes rencontrés dans la pratique de sa profession, recherche validée par l'écriture d'un mémoire.

l'édition de mes écrits, c'est-à-dire de leur divulgation vers un public plus large, il convient de préciser quelques points :

1) Mon rapport à la voyance

J'ai choisi de mettre un terme à ma pratique des consultations divinatoires pour pouvoir me consacrer pleinement à l'enseignement du Tarot de Marseille, formation suivie à titre personnel ou professionnel. C'est dire si j'ai conservé ma passion et ma fascination pour le Tarot et l'utilisation « divinatoire » à laquelle il peut donner lieu. A travers cette démarche, je désire combler les lacunes auxquelles moi-même j'ai été confrontée dans l'exercice des consultations. De plus, que ce soit dans la perspective d'exercer à titre professionnel, ou pour son développement et son épanouissement personnels, le rapport à l'art divinatoire se trouve fondamentalement changé, lorsque l'on prend des cours, car on passe du rôle de spectateur (le consultant) à celui d'acteur (le « voyant »).

C'est pourquoi, même si mon discours sur la voyance peut paraître parfois dur, hostile et même révéler une certaine désillusion, je n'en demeure pas moins convaincue de la possibilité de l'homme pour appréhender son avenir, c'est-à-dire de gérer son temps ; et par la même, de la nécessité, tant sociale que psychologique, de maintenir la profession des astrologues, tarologues, chiromanciens et autres voyants.

Toutefois, il me semble que, dans la majorité des cas, le recours à la divination n'est pas toujours profitable au consultant. Et ceci pour de nombreuses raisons, explorées tout au long de cette recherche. On pourrait évoquer ici la difficulté à gérer la relation duelle mise en place par l'exercice divinatoire, le manque de préparation, de définition, d'information, l'existence de professionnels peu scrupuleux, la redoutable croyance dans la toute-puissance du voyant, la demande, non formulée et souvent inconsciente, d'assistanat, l'absence de déontologie. La liste est encore longue des obstacles à une pratique divinatoire positive et stimulante, remplissant pleinement son office : à savoir aider la personne à mieux se prendre en charge, à devenir forte. Au lieu de quoi, le recours au voyant souvent affaiblit ! La faute n'en est pas qu'aux seuls praticiens... loin s'en faut. Non, le responsable serait plutôt l'Homme dans sa volonté d'économie de l'angoisse, dans son refus de l'incertitude, dans sa quête illusoire de vouloir tout maîtriser, y compris le Temps.

Ce n'est donc non pas tant sur la réalité de la voyance que portent mes doutes et mes questionnements, que sur ses bénéfices et ses apports réels. Il n'est donc pas question de participer au classique débat : faut-il croire ou non à la voyance ? ; il s'agit plutôt d'analyser les motivations du consultant, les mécanismes psychologiques que le recours génère, le fondement de la pulsion divinatoire. En d'autres termes, peu importe ici de savoir si oui ou non on peut deviner l'avenir, l'interrogation étant : est-ce réellement bénéfique ? Car même, en admettant que la prédiction soit authentifiée par la réalité, supprime-t-elle pour autant les doutes à venir ? Certainement pas ! Car, en dehors d'un travail intérieur, d'un dépassement de soi, d'une compréhension positive du Monde, rien ne peut épargner l'angoisse de l'incertitude. Aucun voyant, aussi compétent soit-il, ne peut prétendre à l'infaillibilité. Or, reconnaître l'erreur, c'est implicitement prendre un risque, c'est-à-dire accepter le doute.

Il ne s'agit donc pas de renier la voyance ou au contraire de la sublimer. Il convient au contraire de définir en quoi le recours divinatoire peut être constructif, dans le cadre d'une voyance, non plus rassurante et infantilisante, mais formatrice et responsabilisante. On entre là dans la véritable fonction de l'Oracle, au sens traditionnel du terme : éclairer l'Homme, lui révéler sa capacité d'action, exalter son libre-arbitre.

2) L'usage du terme de « voyance »

L'emploi du terme « voyance » est utilisé dans sa valeur représentative plus que dans sa signification générale de facultés psychiques spécifiques. L'étude ne porte pas sur les différentes formes de divination mais sur le rapport de l'individu à l'occultisme. La demande est, dans ce cadre, toujours du même ordre, que l'on s'adresse à un voyant, au sens commun du terme, à une cartomancienne, ou encore à un astrologue. On

peut mettre plus de réserve dans sa croyance selon le type de mancies choisies, mais le fondement, lui, reste identique et fait, dans tous les cas, appel à l'irrationalité du sujet, à des référents purement subjectifs, et surtout à un même rapport au Temps.
C'est pourquoi, il convient, dans le cadre de cette étude, d'accepter le terme de « voyant », sans entrer dans des considérations d'ordre technique. Ce serait là justement s'arrêter sur des points de détails artificiels, le débat n'étant pas de s'interroger sur les capacités des uns ou des autres, mais plutôt sur la pensée divinatoire dans ce qu'elle a de plus globalisant et de plus fondamental.

3) Le jargon psychologique

L'éditeur et moi-même avons préféré livrer à la connaissance du public mon travail dans sa forme originale, sans retouche, rajout[1] ou coupure. Sans doute, certains passages, et notamment les études de cas, pourront sembler d'une lecture difficile, respectant une formulation psychologique parfois austère. Cependant, vulgariser coûte que coûte peut témoigner d'un manque de considération pour le public, en mettant en doute ses facultés de compréhension et d'assimilation. De plus, en voulant trop simplifier la forme, ne risque-t-on pas d'intenter au fond ? Nous avons donc estimé que chacun pourrait appréhender à sa manière le texte.
Il est nécessaire de rappeler, encore une fois, au préalable que cet ouvrage représente le résultat d'une recherche sur la voyance menée à l'Université, dans un cursus de formation en psychologie. C'est la raison pour laquelle l'analyse qui est proposée fait en majorité référence aux concepts psychanalytiques. Toutefois, sa lecture paraît accessible à tous, nous recommandons à cet effet de ne pas se laisser déconcerter ou rebuter par l'emploi d'une terminologie spécifique à la psychologie moderne. Il convient de percevoir le mot dans sa forme

1. Les quelques rares fois où des éléments seront ajoutés pour favoriser la compréhension, ce sera toujours signalé au lecteur par une note en bas de page.

métaphorique, et ne pas lui donner une signification réelle ; en d'autres termes de faire une lecture au second degré. Le signifiant en psychologie emprunte souvent une forme symbolique, chargée d'exprimer pleinement, et de manière imagée, le principe par là signifié. Par exemple, la « mère » et qui plus est « la bonne mère », représente éventuellement la mère réelle, dans sa capacité à satisfaire la demande de son enfant, mais également la mère symbolique : c'est-à-dire tous les éducateurs possibles : à commencer par le père, les grands-parents, tantes, oncles, instituteurs, etc. Les termes doivent donc être élargis et secondarisés, en évitant de les prendre au premier degré, ce qui d'une part serait restrictif et d'autre part empêcherait la compréhension authentique et formelle.

Le lecteur est donc invité à avoir pleinement confiance dans son aptitude naturelle à intégrer ce qui ne relève pas de ses schémas de pensée habituels.

Introduction
Un mot pour le dire[1]

Décliner mon identité professionnelle me pose toujours problème. Il n'existe pas à mon sens de terme pouvant nommer – c'est-à-dire représenter au mieux – ma pratique. Disons que mes deux « spécialités », tarot et astrologie, de par leur réunion, m'excluent de la masse des voyants, de l'univers des astrologues et du groupement des médiums, parapsychologues et autres chiromanciens.

Les premiers revendiquent la non-utilisation de supports quels qu'ils soient ; les deuxièmes, afin d'assurer la scientificité de leur technique, isolent l'astrologie des autres arts occultes ; les troisièmes, enfin, se distinguent de ma pratique par la différence des supports employés (utilisation de jeux de cartes classiques, boule de cristal, lignes de la main, marc de café, etc.).

En fait, je suis une « tarologue-astrologue ». Cependant, comme il serait fastidieux d'employer ces deux termes combinés en un curieux vocable et comme ils ne sont pas a priori évocateurs pour le public en général, je leur préférerai la dénomination de « voyant ». Non pas parce qu'elle me semble plus appropriée mais parce que, dans le langage contemporain, c'est le mot qui est utilisé pour désigner ceux qui font exercice de divination, d'une manière ou d'une autre[2].

Ainsi, pour me nommer, comme pour nommer les autres praticiens, je ferai référence à ce terme, en prenant soin lorsque cela sera nécessaire de bien préciser la spécificité de chacun.

---

1. Nous recommandons vivement au lecteur de prendre connaissance de l'introduction à l'édition, si ce n'est déjà fait, avant de commencer la lecture de l'étude.

2. Se rapporter à la deuxième hypothèse : la cécité œdipienne.

Je m'inscris donc dans une pratique à la fois originale et commune. Originale, parce que peu nombreux sont ceux qui étudient, connaissent et utilisent le Tarot de Marseille. Commune, parce que je suis prise et comprise dans la grande famille, pourtant divisée, des voyants.

Corinne Morel

PREMIÈRE PARTIE
PRÉSENTATION DE LA RECHERCHE

Chapitre 1 : mon outil de travail

I. Le tarot : objet culturel

« C'est trop peu dire que nous vivons dans un monde de symboles, un monde de symboles vit en nous. »[1]

1. Spécificité du tarot

A l'intérieur de ce livre, j'évoquerai essentiellement mon expérience en consultation à travers l'utilisation des tarots divinatoires. Je laisserai donc sous silence ma pratique astrologique puisqu'elle ne donne pas lieu à une relation, étant donné qu'elle consiste uniquement en une production écrite.
Il est avant toute chose nécessaire que j'éclaire le lecteur sur l'outil que j'utilise. Tout d'abord, il convient d'établir la distinction qui s'impose entre les jeux de cartes traditionnels et les tarots : à savoir que les premiers constituaient initialement un ensemble de cartes à jouer (jeux de 32 et 54 cartes) auxquelles, pour les exigences de la divination, il fut attribué un sens ; à l'opposé, les tarots ont fait l'objet d'un cheminement inverse, c'est-à-dire que leur fonction ludique s'est substituée à leur dimension ésotérique et divinatoire.
C'est pourquoi, dans le monde des « voyants », coexistent deux grandes écoles totalement confondues par le public : les cartomanciennes qui utilisent des jeux de cartes classiques et les tarologues qui travaillent à partir de tarots divinatoires.

---

1. J. Chevalier : *Le dictionnaire des symboles*, p. 5.

Même si, pour le profane, il n'y a pas à première vue de différences notoires ; pour l'initié, la valeur symbolique des tarots est sans commune mesure avec celle des cartes ordinaires. En effet, en cartomancie, le sens attribué aux cartes semble totalement arbitraire, laissé à la volonté et à l'appréciation de chacun. En revanche, la signification des lames du Tarot s'établit sur des critères objectifs et précis, se fonde sur le décryptage et exclut d'emblée toutes les projections individuelles auxquelles elles pourraient donner lieu. La valeur divinatoire de chaque arcane est en lui-même. Il se trouve à l'intérieur; il suffit d'apprendre à voir.

2. Historique du Tarot de Marseille

« Les tarots sont une langue dont l'alphabet seul nous est donné. Cet alphabet comprend soixante-dix-huit lettres qui ressemblent à des pictogrammes ou hiéroglyphes, je veux dire qu'elles ont à première vue quelque chose d'à la fois évident et mystérieux, de subtil mais de naïf. »[1]

Le Tarot de Marseille est la référence absolue, en ce sens qu'il constitue le modèle traditionnel, et donc le plus authentique des tarots divinatoires. Tous les autres, et ils sont nombreux, en sont des réécritures qui portent la griffe indélébile de leurs auteurs respectifs. La paternité du Tarot de Marseille, quant à elle, demeure une énigme ; ce qui n'empêche pas que son histoire a donné lieu à de nombreuses suppositions.
Pour certains, il serait issu de la culture grecque ; pour d'autres, il serait la création des Egyptiens. Il a fait, en tout cas, couler beaucoup d'encre et susciter de nombreux intérêts. Court de Gébelin y déchiffra les traces de la sagesse traditionnelle. L'Egyptomanie de la première moitié du XIXe siècle prétendit en identifier les symboles. Les occultistes célèbres tels qu'Eliphas Lévi, Oswald Wirth, Papus, Stanilas de Guaita, en interprétèrent les mystères dans une référence kabbalistique ou alchimique.

---

1. P. Marteau : *Le Tarot de Marseille*, p. VII.

Bien que sa genèse soit indéterminée, il présente une iconographie d'inspiration médiévale et mêlée de symboles chrétiens. Son enseignement ésotérique est indéniable et sa portée initiatique semble cependant universelle et non pas réduite à une culture donnée. C'est, en fait, un ensemble clos permettant un clavier infini de combinaisons multiples. Il est constitué d'éléments isolés, appelés lames ou arcanes (ou encore les cartes dans le langage courant), qui ont une signification en tant que tels mais qui, en plus, rentrent en interaction les uns avec les autres.

3. Du symbolisable au symbolisé

Le tarot fonctionne sur registre symbolique. En ce sens, il relève d'abord de la cryptographie.
Parler de symbolique nécessite une définition du terme. Le symbole présuppose *« homogénéité du signifiant et du signifié au sens d'un dynamisme organisateur »*[1]. D'un point de vue étymologique, le symbole était à l'origine un objet coupé en deux morceaux, une tessère, fragment de céramique, d'argile ou de métal. Deux personnes en gardaient chacune une partie, deux hôtes, deux pèlerins, le créancier et le débiteur, deux êtres qui devaient se séparer pour longtemps. En rapprochant les deux parties, ils reconnaissaient plus tard leurs liens d'hospitalité, leurs dettes, leur amitié.

Quelles sont les fonctions du symbole ?

- la fonction exploratoire : il permet de saisir une relation que la raison ne peut définir ; il peut comporter un terme connu de notre conscience et un autre étranger.
- la fonction de substitut : aux yeux de l'analyste, sur un mode figuratif, il se substitue, en guise de réponse, de solution ou de satisfaction, à une pulsion, un conflit ou un désir.

---

1. G. Durand : *Les structures anthropologiques de l'imaginaire*, p. 20.

- la fonction médiatrice : il jette des ponts et réunit des éléments séparés, voire même divergents, en une force centripète (du grec : sumbolom = jeter ensemble).
- la fonction unificatrice : comme Gilbert Durand l'exprime, il contient les deux pôles signifiant/signifié. Il comporte les deux termes d'union et de séparation, de fusion et de rupture, d'identique et d'identité.

Le Tarot de Marseille emprunte des symboles en majorité visuels mais il s'élabore également autour de la signification des nombres, de la valeur sémantique des mots. Le travail d'interprétation consiste – de même que le travail d'analyse des rêves décrit par Freud[1] – à restituer le message latent contenu dans le matériau manifeste. Ce qui revient à substituer au code du Tarot, le code de la parole.

Les créateurs anonymes du Tarot de Marseille ont assemblé différents symboles, différents éléments visuels, mathématiques et sonores, afin de construire chaque arcane selon un schéma précis, coordonné à d'autres en vue de constituer un ensemble, un Tout cohérent et se suffisant à lui-même, une globalité microcosmique de l'univers.

Pour illustrer concrètement les mécanismes sur lesquels se fonde le Tarot, il convient de se pencher sur un exemple précis et succinct. La coupe, dans la théorie des lames mineures[2], représente les relations affectives. Or, ce sens n'est pas arbitraire : c'est-à-dire qu'il n'a pas été donné une fois pour toute mais il a été trouvé et créé par voies inductives et analogiques. La coupe contient l'élément liquide : elle peut se vider ou se remplir. On peut distribuer de sa substance comme elle peut en recevoir d'autrui ; en fait, le propre du cœur, qui peut accueillir des sentiments et des affects, mélanger des émotions harmonieuses ou conflictuelles, qui peut aimer ou haïr ; et par extension, le propre de la vie sentimentale, tantôt remplie et satisfaisante, tantôt vide et déplaisante.

---

1. S. Freud : *Le rêve et son interprétation.*
2. Voir C. Morel : *Le guide du Tarot, es lames mineures*, vol. 1., éd. Bussière.

Cette partie ne constitue pas un cours théorique sur le Tarot de Marseille ; néanmoins, il me semble nécessaire de donner une idée de son mode de fonctionnement, de sa structure et de son utilisation.
En fait, il suffit de regarder le Tarot, de l'observer, de le sentir. Nul n'est besoin de livre pour le comprendre, une méthodologie suffit.
René Caillois nous dit à ce propos : *Les hiéroglyphes sont immuables et en nombre limité. Le sort n'intervient que pour désigner ceux qui contiennent l'avenir du consultant. Il n'est que de les déchiffrer, ce qui semble œuvre de science ou de perspicacité. Ainsi, le médecin construit son diagnostic en interprétant les symptômes qu'il a qualité pour identifier. »*[1]

Dès lors, le maniement du Tarot exige une connaissance intuitive mais cadrée. Il faut pour pouvoir l'utiliser posséder une grille de lecture qui n'est d'ailleurs pas unique mais bien propre à chacun. En fait, on n'apprend pas à lire le Tarot. On apprend à reconnaître des codes, à décrypter des symboles. On acquiert ainsi les bases fondamentales mais il reste l'essentiel, c'est-à-dire le travail d'interprétation des combinaisons infinies qu'il propose, et qui exige une approche emphatique et une inspiration qui, elles, ne peuvent pas s'enseigner. En établissant une comparaison avec la littérature, cela revient à dire que l'on peut apprendre la grammaire, la valeur sémantique, linguistique et syntaxique des mots, mais on ne peut pas apprendre à devenir écrivain. De même pour la peinture, la musique : au-delà de la technique existe la créativité. C'est pourquoi, il me semble possible d'établir une comparaison entre le rêve et le tarot car tous deux procèdent de symboles, tous deux exigent une traduction et tous deux sont porteurs d'un message latent.

1. R. Caillois : *Le tarot des imagiers du Moyen Age*, p. 16.

II. Le tarot : objet transitionnel

Dans la consultation, c'est à la dimension divinatoire du Tarot que l'on s'attache. Le tirage donne lieu à un rituel spécifique mettant en jeu un processus organisationnel.
L'officiant mélange les cartes puis il les donne à couper au consultant pour ensuite les étaler (faces cachées) en formant un arc de voûte. Le consultant tire alors le nombre de cartes indiqué par le voyant. Cet acte de tirage prend sens à un niveau magique. Le consultant est investi du pouvoir initial, en ce sens qu'il compose lui-même son jeu, représentant de son futur qui lui sera par la suite dévoilé.
Certains accordent au tirage des lames une attention particulière. Ils prennent leur temps, hésitent sur certaines pour enfin en choisir d'autres, s'employant en quelque sorte à tirer les « bonnes » lames.
D'autres, et ils sont majoritaires, satisfont à cette nécessité machinalement, sans conférer à leur acte ce caractère solennel si cher au premier.
Une fois les cartes tirées, le voyant les place face à lui, en les retournant. La manière de les placer respecte un ordre chronologique. Chaque lame a sa place attribuée d'avance. Ainsi, le repère dans l'espace renvoie à un repère dans le temps, à savoir que les arcanes sont disposés dans le sens de l'écriture et de la lecture : c'est-à-dire de gauche à droite. L'interprétation suit donc une progression qui part du pôle passé (gauche) pour évoluer vers le pôle avenir (droite).
L'analyse du contenu du jeu consiste alors à déchiffrer toutes les données symboliques en présence, en rapport avec cette grille spatiale servant à la représentation temporelle. Dans ce schéma précis, le Tarot a un sens prédictif, c'est-à-dire qu'il peut révéler des situations, événements ou configurations inconnus du voyant et/ou du consultant. Il peut voyager dans l'âme de l'individu, remonter aux sources du passé, s'aventurer aux frontières de l'avenir.
D'autre part, le Tarot est un instrument médiateur. Il est le lien qui rattache-sépare le consultant du voyant. Ainsi que le dit René

Kaës : *« L'intermédiaire est une instance de communication : ce qui appartient à A et B par les éléments qu'ils possèdent en commun ; entre les deux termes séparés, discontinus, dans l'écart, l'intermédiaire est une médiation, un rapprochement dans le maintenu-séparé ; il est ainsi une instance d'articulation de différence, un lieu de symbolisation. »*[1]

Le Tarot intervient comme surface de projection et comme pôle identificatoire pour l'un et l'autre des deux acteurs. Il est entre, entre moi et le consultant, entre lui et son avenir. Espace transitionnel dans lequel va pouvoir se jouer et s'élaborer la relation. En tant qu'aire intermédiaire, il est aussi le lieu de la conflictualisation possible ; le voyant s'en servira comme l'écran protecteur qui justifiera ses éventuelles erreurs, comme le bouclier qui parera les coups conséquents à ses fautes ; le consultant y déchargera son agressivité, sa violence, éclat de son narcissisme blessé.

Seulement, dans la quotidienneté des consultations, l'outil médiateur remplit mal son office, à savoir qu'il ne médiatise pas. Si j'accorde beaucoup d'importance au Tarot, les consultants, eux, témoignent à son égard d'une indifférence tranquille. Le Tarot, après tout, n'est qu'un support au même titre que les lignes de la main, le marc de café et autres boules de cristal : c'est en tout cas ce qu'on nous dit. Il n'est pas responsable car il n'a en soi aucune valeur ; sa seule utilité étant de favoriser les phénomènes dits de voyance. Ce sont justement ceux-là même qui tirent les lames en défendant leur acte de tout investissement massif, répondant simplement aux injonctions du voyant ; au contraire de ceux qui sacralisent le tirage, rendant au Tarot toute sa dimension transitionnelle.

1. R. Kaës : *Crise, rupture et dépassement*, p. 11.

Chapitre 2
A la recherche de mes racines

I. Profession : voyante

Etre voyant, ou plutôt être institué comme tel, renvoie à des interrogations inquiètes quant aux facteurs pouvant expliquer l'origine d'une telle orientation. L'exercice de cette profession, plus que toute autre, porte à se questionner sur sa provenance, l'historique et les mobiles psychogénétiques du choix de ce métier.

Au départ, c'est déjà plus d'un état dont il s'agit, sorte de seconde peau, que d'une fonction professionnelle. La représentation mythologique populaire veut que l'on soit voyant partout et pas seulement dans l'intimité de son cabinet de travail.

Voyant vingt-quatre heures sur vingt-quatre : on naît voyant, on ne le devient pas !

A défaut d'explications scientifiques, à défaut de pouvoir revendiquer une rationalité, on joue la carte du magique. On se réfère alors complaisamment à des pseudo-dons.

Pour ma part, devant la nécessité, dans le cadre de cette recherche, de répondre à l'exigence de ces interrogations, à la fondamentale question du : pourquoi êtes-vous voyante ? , j'ai choisi de retracer mon histoire personnelle, lieu d'ancrage de l'exercice actuel de mon métier.

II. Facteurs culturels

1. Question de moment

J'évoquerai ici le moment manifeste où s'est décidée cette orientation, c'est-à-dire l'époque où je me suis réellement et activement impliquée dans l'étude et l'utilisation des Tarots, où je suis sortie du jeu. Dans la deuxième partie – les facteurs psychologiques – sera abordée la phase antérieure à ce moment spécifique : mon enfance et mon adolescence.
L'agencement de ce plan peut paraître étrange au lecteur, voire illogique. Pourtant, c'est dans cet ordre précis que j'ai écrit ces deux paragraphes ; le deuxième d'ailleurs quasiment un an après le premier. Ceci parce que je n'avais jusqu'alors jamais fait le lien entre ces deux époques ; c'est-à-dire entre la présence des cartes, de jeux pseudo-divinatoires dans mon enfance et l'étude et l'utilisation pseudo-scientifiques des Tarots par la suite. Il me semblait que ces deux activités étaient totalement étrangères et éloignées l'une de l'autre.
Et pourtant aujourd'hui...

2. Rencontre et reconnaissance

La découverte du Tarot de Marseille fut pour moi une véritable révélation. J'étais alors âgée de dix-huit ans et je me trouvais en pleine phase transitoire. Je venais d'interrompre mes études en fin de première. Ce choix m'était dicté à la fois par un désir d'indépendance et par un refus du système scolaire qui ne me convenait personnellement pas. J'aspirais à une vie active me permettant de m'assumer sur le plan financier.
D'autre part, n'ayant alors aucune formation professionnelle, aucun recours à faire valoir des diplômes, mes possibilités étaient limitées. Ma mère, propriétaire d'un commerce, me proposa de m'occuper de celui-ci. J'arrêtais donc mes études en juin 1982 et prenais poste dans le magasin en septembre de la même année.

Parallèlement, et depuis plusieurs années, étant éduquée dans un milieu propice à de tels intérêts, j'étais portée sur tout ce qui concerne l'ésotérisme. Je me préoccupais de questions religieuses, au sens où l'emploie M. Eliade, *« en tant qu'expérience du sacré sans qu'il y ait nécessairement croyance en une divinité mais plutôt qui se rattache aux idées d'être, de connaissance et de signification. »*[1]

Je m'essayais dans la lecture de différents philosophes (Platon, Alain, Descartes), me perdais dans la pensée de l'école phénoménologiste (Husserl, Merleau-Ponty, Sartre), me plongeais dans l'histoire de l'ancienne Egypte. Ce n'étaient alors que des résonances qui ne m'apportaient pas, sans doute parce que j'en avais une connaissance insuffisante, les réponses aux questions d'ordre existentiel que je me posais. Mon voyage en Inde, la même année, avait toutefois exalté au plus au point ces questionnements.

Or, en fin d'année 1982, je reçois pour cadeau un jeu de Tarot de Marseille, don provenant d'une personne chère ayant connaissance de mon attrait pour les cartes et de mon désir latent de les étudier.

Dès lors, ma quête a pris sens. Le Tarot représentait à la fois une clef, une explication mais aussi une ouverture, presqu'un avenir. J'ai immédiatement investi cet objet : il m'a parlé, je l'ai compris. J'avais avec lui, comme le musicien avec son instrument, une relation symbiotique, affective.

Ma formation fut en grande partie autodidactique. Devant la difficulté de trouver des professeurs qui enseignent cette discipline, je me suis trouvée dans l'obligation de l'étudier seule. C'est pourquoi, j'ai au départ fait un travail de recherche dans le but d'acquérir le maximum de données. De nombreux ouvrages, de qualité variable, sont venus appuyer mes recherches. Néanmoins, en 1984, j'ai eu l'opportunité de suivre un stage sur le symbolisme du Tarot de Marseille. Celui-ci a duré six mois, à raison de trois heures de cours hebdomadaires. La même année, je commençais l'astrologie.

1. M. Eliade : *La nostalgie des origines*, p. 5.

III. Facteurs psychologiques

1. Genèse d'une orientation

« Nous supposons ici que l'acceptation de la réalité est une tâche toujours inachevée, qu'aucun être humain n'est affranchi de l'effort que suscite la mise en rapport de la réalité intérieure et de la réalité extérieure ; enfin que cette tension peut être relâchée grâce à l'existence d'une zone intermédiaire d'expérience qui n'est pas mise en question ; cette zone intermédiaire est directement en continuité avec le domaine ludique de l'enfant qui est "perdu" dans son jeu. »[1]

Ce paragraphe est destiné à essayer de comprendre quels raisons et mobiles inconscients peuvent entraîner chez un individu une orientation divinatoire. Comme le dit Winnicott, les objets culturels de l'adulte sont dans la continuité de l'expérience de l'investissement des objets transitionnels par l'enfant[2]. Le choix d'investir tel ou tel objet n'est pas neutre mais intervient comme la conséquence de l'histoire infantile et de l'évolution personnelle du sujet.
La partie précédente a éclairé sur le moment spécifique où s'est prise cette orientation et sur l'environnement socioculturel qui peut l'avoir déterminée. Ainsi, l'exercice de ma profession actuelle est lié à des facteurs culturels mais aussi à des facteurs psychologiques ; d'autant plus que cette orientation s'est faite alors que j'étais encore très jeune, à la post-adolescence.
A la suite d'un débat télévisé, qui portait sur la voyance, dans le cadre des Dossiers de l'Ecran, je me suis interrogée sur une possibilité d'explication psychologique de mes intérêts actuels. En effet, l'un des intervenants, une psychiatre, le Dr Laborde Nattale, a expliqué que, d'après les recherches qu'elle a

1. D. W. Winnicott : *L'avenir d'une illusion*, p. 223.
2. D. W. Winnicott : *Jeu et réalité.*

effectuées sur ce thème, la prédisposition à l'occultisme se rencontrait le plus souvent chez des individus ayant eu une mère cyclothymique ou une enfance incertaine. D'autre part, pour Georges Devereux, la pensée magique et la pulsion divinatoire seraient fondamentalement liées à la petite enfance et seraient intrinsèques à la nature humaine.

C'est pourquoi, dans le but de mieux comprendre ce qui m'a amenée à m'intéresser à l'occultisme, je vais faire une esquisse de mon cheminement personnel, en rapport avec certains événements-clefs qui pourraient prendre sens comme ayant généré de l'incertitude, c'est-à-dire de l'angoisse, et qui pourraient, par conséquent, expliquer ce désir de vouloir « voir », et déjà de vouloir contrôler le temps.

2. L'accident

J'ai vécu la quasi-totalité de mon enfance et de mon adolescence avec ma mère et ma sœur, de deux ans mon aînée. A l'âge de trois mois, j'ai été victime d'un accident.

Ce jour-là, veille de mon baptême, mon père me nourrissait lorsque la tétine du biberon éclata, laissant se répandre tout le lait brûlant et odorant qu'il contenait. Je fus conduite de toute urgence à l'hôpital et entrai immédiatement dans le service des grands brûlés à Saint-Luc. Le visage, le cou et le torse étaient gravement touchés.

Durant un mois, je restai sous couveuse, étant alimentée par sérum, les bras et les jambes attachés dans le but d'éviter tout mouvement. Le bébé que j'étais alors passa donc soudainement d'une situation satisfaisante et gratifiante à une frustration totale. A la douleur insupportable s'ajoutait l'isolement le plus complet. Il est vrai que je n'ai gardé aucune trace mnésique consciente de cet événement et que j'en ai connaissance d'après les différents récits qui m'ont été rapportés.

Trente jours sans lait, sans sein, sans contact, ni caresse, ni baiser; une bulle de verre me séparait de l'extérieur et me coupait de toute communication. Mes parents venaient me voir

tous les jours, mais ils restaient impuissants devant cet obstacle érigé entre eux et moi. Inutile de dire que le diagnostic médical était pessimiste, et il fallut attendre quinze jours pour que les médecins puissent assurer que ma vie n'était plus en danger.
En danger, par contre, demeurait mon intégrité physique. Les brûlures étaient si profondes que nul ne pouvait se prononcer quant aux risques de défiguration définitive. Heureusement, du fait de mon très jeune âge, ce ne fut pas le cas. Afin, toutefois, d'éviter des cicatrices trop disgracieuses, ma mère, à ma sortie de l'hôpital, et ceci pendant deux mois, dut me frotter quotidiennement le cou et le torse jusqu'au sang.

3. La séparation

Quelques années plus tard, alors que j'avais quatre ans, intervint le divorce de mes parents. Je ne vécus pas cet événement (en soi) douloureusement ; en ce sens que l'essentiel pour moi était de rester avec ma mère et ma sœur. Mon enfance et mon adolescence furent d'ailleurs heureuses et comblées.
Les nombreuses tentatives de mon père pour avoir la garde représentèrent par contre une angoisse permanente. Ma sœur et moi redoutions plus que tout d'être séparées de notre mère. Toutes les démarches judiciaires, pour retirer la garde des enfants à ma mère, restèrent infructueuses. Mais, cet état de tension dura jusqu'à ce que nous ayons respectivement ma sœur et moi-même 13 et 11 ans.
Nous passions, comme il était prévu dans le cadre du divorce, la moitié des vacances scolaires et un week-end sur deux avec notre père. Lui-même s'était remarié et de cette nouvelle union étaient nés deux enfants. De cette époque, remontent mes premières « divinations »...
Les séjours que nous faisions chez notre père étaient tristes pour des enfants de nos âges, c'est-à-dire que nous n'avions aucune activité. Notre belle-mère, étant très occupée par ses deux jeunes enfants, ne prenait pas le temps de jouer avec nous, de nous parler et de nous écouter. Mon père travaillait et rentrait en

fin d'après-midi. Les soirées, à son retour, constituaient les seuls moments réjouissants et agréables de nos longues et ennuyeuses journées. Elles donnaient lieu à des jeux, histoires et autres divertissements. Mon père s'occupait de nous mais il n'était pas souvent là. Alors, pour « faire la nique » à l'ennui, ma sœur et moi, nous nous amusions à deviner l'avenir. Ayant été initiées très jeunes aux jeux de cartes par nos grands-parents maternels, nous passions toutes nos journées à faire des devinettes ou des réussites.

Savoir si nous allions recevoir une lettre de notre mère, si elle pensait à nous, s'il ferait beau demain... Tout était bon à alimenter nos jeux prévisionnels, à anticiper un avenir que notre présent nous rendait encore plus désirable et désiré. Ces activités divinatoires se répétèrent avec régularité à chaque nouveau séjour chez notre père, c'est-à-dire entre mes quatre et mes onze ans ; époque à laquelle, pour des questions financières, il arrêta de nous prendre. Décision, je dois dire que nous accueillîmes ma sœur et moi avec soulagement.

Le temps aidant, mes prophéties fantaisistes se développèrent ; ma sœur se lassa, alors que je continuais, à l'aide de tarots divinatoires achetés par ma mère, à me livrer à des exercices prévisionnels. C'était un jeu d'imagination auquel je prenais plaisir. Mon sens de l'improvisation, alors que j'avais treize-quatorze ans, faisait sourire. A cette époque, d'autres intérêts se manifestèrent, ma mère étant très versée dans les philosophies orientalistes. Je baignais alors dans l'univers du Magique, du Sacré et du Mystérieux, dont j'ai gardé encore le goût aujourd'hui. Il est certain que je dois à mon éducation maternelle cette disposition particulière d'esprit et mon amour de l'ésotérisme.

4. Notre vie à trois

L'autre versant de mon enfance, notre vie à trois, me laisse des souvenirs heureux. Nous menions une existence sociable et

culturelle très riche et captivante : cinéma, théâtre, lectures, amis, tissaient la toile de nos occupations.
L'activité professionnelle de ma mère exigeait une grande disponibilité, un investissement temporel et énergétique important. De ce fait, il lui arrivait fréquemment de rentrer tard. Ma sœur remplissait parfaitement son rôle d'aînée, en veillant sur moi. A elle, incombaient les responsabilités.
L'irrégularité des horaires maternels me causait beaucoup d'inquiétudes. Ma sœur avait la confiance et la sérénité qui me manquaient ; en tout cas, elle me rassurait par son assurance tranquille. Mais, malgré les certitudes qu'elle essayait de me transmettre, je restais angoissée à attendre derrière la fenêtre le retour de la mère tant aimée. Dans ces instants, je m'imaginais les scénarios les plus désespérés : accidents, blessures... Inlassablement, chaque fois que ma mère tardait à rentrer, alors qu'elle nous avait prévenues, je demeurais anxieuse derrière la fenêtre, en dépit des remontrances amusées de ma sœur.

5. Esquisse d'une première analyse

L'écriture de ce texte a été aussi difficile que nostalgique, mais il me semble qu'à travers ce récit, que j'ai voulu succinct mais explicite, il est possible de mettre en évidence les fondements originaires de mes fonctions actuelles. En effet, il ne m'importe pas de vouloir, à travers mon enfance, trouver les racines d'un prétendu don, mais de dégager les mécanismes psychologiques, les rouages psychiques par lesquels se met en place une semblable « vocation » ; et ceci sans évoquer les facteurs prédisposants habituels : revendication d'une hérédité, d'une initiation, de racines, d'un don...
Mon enfance et mon adolescence m'ont laissé un sentiment de satisfaction. Je ne me suis pas sentie privée d'amour ni d'affection. Nous avions même ma mère, ma sœur et moi des relations privilégiées, une qualité de communication rare. Ce n'est donc pas la question d'une « enfance malheureuse » qui se

pose, mais plutôt celle de l'enfant face à son avenir, au regard du vécu de plusieurs séparations.

Je reviendrai plus longuement sur les hypothèses émises ici dans la partie théorique, ne faisant, dans le cadre de ce chapitre, qu'esquisser les différents repères conceptuels pouvant servir à l'analyse.

Lorsque l'environnement et le cadre familial présentent une fiabilité suffisante, l'enfant n'est pas directement confronté à son avenir. On pourrait presque dire qu'il n'a pas d'avenir puisqu'il ne l'envisage pas en terme d'acteur, celui-ci étant, pour une large part, pris en charge et géré par les parents.

En ce qui concerne mon histoire personnelle, à l'origine se trouve déjà un événement traumatisant qui, s'il n'a laissé que peu de traces manifestes, a nécessairement gravé sa marque à un niveau latent. La brûlure et l'isolement conséquent ont, en fait, constitué deux traumatismes, l'un physique, l'autre psychique. Ils se sont produits dans la phase orale, dans la position schizo-paranoïde de Mélanie Klein. L'enfant, à cette époque, du fait de la relation fusionnelle établie avec sa mère, n'a pas la capacité de supporter l'absence, et déjà de se la représenter. Il serait dangereux, n'étant pas psychologue de formation et étant trop impliquée, de m'aventurer plus avant dans l'analyse de cette situation. Mais, il est cependant facile d'imaginer les sentiments de frustration, de douleur et d'angoisse générés par un tel scénario.

Par la suite, d'autres événements anxiogènes se sont manifestés – divorce, tentative de mon père pour avoir la garde, irrégularité des horaires de ma mère – qui ont pu être, semble-t-il, supportés et tolérés par le recours à des satisfactions substitutives. Face à un temps qui m'échappait, qui avait souvent figure d'ennemi, qui me menaçait, j'ai développé un type de comportement visant l'évitement de l'angoisse d'une part et du déplaisir d'autre part. Il était nécessaire que j'expulse à l'extérieur ce qui était perçu comme douloureux et dangereux à l'intérieur. Aussi, les processus de projection permettent l'abolition des stimuli pénibles. *« La projection est notre première*

mesure de sécurité, notre garantie la plus fondamentale contre la douleur, la peur d'être attaqué ou l'impuissance. Par ce mécanisme, toutes les sensations, tous les sentiments, que notre esprit ressent comme douloureux ou déplaisants, sont immédiatement relégués à l'extérieur de nous-mêmes. »[1]
Sorte de jeu de la bobine[2], dans lequel l'enfant devient l'acteur et donc le décideur d'une situation déplaisante à laquelle il est soumis, le jeu divinatoire consistait à s'approprier un droit sur le temps, un contrôle de l'avenir, et permettait d'échanger des certitudes réconfortantes contre des doutes inquiétants. S. Freud l'exprime en ces termes : *« On voit bien que les enfants répètent dans leur jeu tout ce qui leur a fait dans la vie une grande impression, qu'ils abréagissent ainsi la force de l'impression et se rendent pour ainsi dire maîtres de la situation. »*[3]

Confrontée à un futur souvent indécis et donc menaçant, il était indispensable, dans un souci d'apaisement, de créer une aire intermédiaire, zone d'expérience privilégiée, qui me permettait d'accéder à une néo-réalité. Les jeux prévisionnels avaient deux fonctions ; la première étant le développement de la capacité météorologique consistant à établir des prévisions, la deuxième étant une dédramatisation du temps : l'avenir n'était pas si dangereux puisqu'il était sous contrôle magique et ludique.
Je ne me suis donc pas improvisée voyante mais un passé spécifique a longuement préparé et collaboré à la prise de cette

---

1. M. Klein : *L'amour et la haine*, p. 19.
2. Freud cite dans *Au-delà du principe du plaisir* le jeu d'un enfant avec une bobine de fil. Le jeu consistait à lancer le fil, auquel était attaché un objet, celui-ci disparaissant hors de vue ; puis de ramener l'objet en tirant sur le fil. A travers cette activité ludique, l'enfant, âgé d'un an et demi, s'assurait un contrôle « magique » sur l'objet. Il soumettait ainsi, d'une certaine manière, à sa maîtrise le complexe disparition-réapparition. Freud explique que grâce à ce jeu, l'enfant était en mesure d'accepter l'absence de sa mère ; puisqu'il savait qu'un départ était immuablement suivi d'un retour. D'où son jeu : partir (lancer la bobine) – revenir (tirer sur le fil).
3. S. Freud : *Au-delà du principe du plaisir*, un essai de psychanalyse, p. 55.

orientation. Ceci ne signifie pas que les enfants ayant vécu des situations similaires à la mienne – traumatisme infantile, divorce – vont s'essayer à la divination, ou encore moins devenir voyants mais que, dans mon cas, c'est le type de réponse que j'ai créé et trouvé. Les cartes étant le lieu de symbolisation indispensable et lorsqu'à l'âge de dix-huit ans, j'entrai pour la première fois en contact avec le Tarot de Marseille, la continuité put s'établir.

DEUXIÈME PARTIE : LES LOIS DE L'ÉCHANGE

CHAPITRE 1 : LA DEMANDE

CHAPITRE 2 : L'OFFRE

Chapitre 1 : la demande

I. La voyance, phénomène social

« Croire à l'occultisme... c'est se dire que, comme papa hier, Mr Destin ou Mme Lune veillent sur nous aujourd'hui. N'aie pas peur, fais dodo, on est là, on laisse la lumière allumée dans le couloir. »[1]

1. Entre archaïsme et modernisme

De tout temps, les hommes ont consulté des mages, voyants ou astrologues. Cette démarche, répétée de siècle en siècle, ces matières, perpétrées de génération en génération, ont toujours vu leur utilité, leur fiabilité et leur honnêteté mises en cause et contestées. Il est vrai que nul n'a pu prouver, jusqu'à ce jour, l'authenticité et la véracité de ces techniques, foisonnantes à souhait, même si beaucoup s'y sont appliqués.
Le problème de fond est sans doute dû à l'ampleur que représente, ou que représenterait, un tel savoir face à l'impossibilité pour le praticien de donner des garanties. C'est aussi qu'admettre l'existence et le fondement de ces « sciences » dites occultes entraînerait obligatoirement une remise en question de notre système de pensée actuel, de la science positiviste et des possibilités de l'Homme. Une telle acceptation ne manquerait pas de bouleverser les normes, les concepts et les référents usuels.

---

1. M. Gheler : *L'horoscope s'arrête à Mourmansk*, p. 35.

D'autre part, le caractère de l'acte magique quel qu'il soit est éminemment relatif. Certains actes de médecine « primitive », par exemple, peuvent apparaître comme magiques aux yeux d'occidentaux ; de la même manière, certaines techniques modernes peuvent être considérées par les « primitifs » comme des pratiques magiques, car elles ne sont comprises qu'en faisant intervenir des phénomènes apparemment « surnaturels ».

On en revient donc à l'idée que ce n'est qu'un manque de connaissance, d'information et de maîtrise qui fait que tel domaine est appréhendé comme magique, c'est-à-dire étranger à notre éducation et plus généralement à notre culture. C'est pourquoi, dans le domaine occulte, maintes expériences ont pu être vérifiées, maintes révélations ont pu être confirmées, de grands noms ont marqué l'histoire (Papus, Nostradamus, Lenormand), mais jamais il n'a été possible aux serviteurs de l'astrologie, de la voyance, de la chiromancie, consciencieux ou non, d'élever leur pratique au rang de science. Tout simplement parce que, par définition, ces techniques sont non démontrables scientifiquement. En effet, tout comme pour l'expression artistique, elles ne peuvent être systématisées.

La voyance est sociale et non pas expérimentale. Par contre, ce qui est certain, et au-delà de son fondement, c'est qu'elle a une fonction individuo-culturelle à remplir. L'objet de ce paragraphe n'est pas de se poser en défenseur passionné ou au contraire en adversaire fervent, ou encore de vouloir donner des preuves (que je n'ai d'ailleurs pas) mais plutôt d'essayer de comprendre le phénomène que constitue la voyance, avec toutes ses implications.

Il apparaît, en tout premier lieu, que le principe de divination ne respecte pas une constante. On le verra plus loin, l'individu n'a pas un rapport fidèle à la voyance : elle représente, le plus souvent, un recours ponctuel. De même, quant à son histoire, elle suit une évolution fluctuante. Présente et quasi-officielle à certaines époques, rejetée et condamnée à d'autres, elle semble se livrer à une partie de cache-cache avec les institutions en place. Il est frappant, par exemple, de constater que l'on découvre l'origine de l'astrologie dans l'Antiquité, qu'elle a connu ses heures de gloire, et qu'aujourd'hui, elle est encore pratiquée, mais toujours dans la pénombre, même si elle tend de plus en plus à s'afficher au grand jour par l'intermédiaire des médias, mais ceci apparemment plus dans un but commercial que pour prouver sa reconnaissance officielle.

Lorsque l'on sait que le nombre de cabinets de consultation est estimé à 40 000[1], on est quand même en droit de se dire que l'on est en présence d'un phénomène social indéniable, et qu'il serait vain de le réduire à une mode ou à une fantaisie du moment. D'après un sondage IFOP[2], 12,5 % des Français ont déjà, au moins une fois, consulté un voyant. Plusieurs millions d'individus ne représentent pas un détail ou une minorité dont les actes sont sans conséquences. Non... ces chiffres sont révélateurs et prouvent que la voyance n'est pas un vestige de croyances archaïques mais constitue un courant proprement moderne. Le voyant est un individu déterminé socialement; il existe parce qu'on lui demande d'exister.

Je ne veux pas remonter aux origines de la voyance, et à son évolution au cours des siècles, car mon propos est plutôt de chercher à savoir qu'est-ce qui pousse l'homme du XXe siècle à ranimer en lui une croyance magique? Quel rôle donne-t-on à jouer au voyant? Quel vide lui demande-t-on de combler?

Le retour à la croyance magique est tout récent (car il s'agit bien ici d'un retour même si le phénomène est pleinement contemporain). Depuis vingt ans environ, on assiste à une véritable explosion des arts occultes.

Le livre d'Edgar Morin, « La croyance astrologique moderne », projet d'étude sociologique, venait, à l'époque, en réponse à la médiatisation de l'astrologie. En 1970, Mme Soleil, qui répondait sur les ondes d'Europe N° 1 aux questions des auditeurs, recevait jusqu'à 18.000 appels par jour[3]. Il n'est guère de journal

1. F. Laplantine: *Un voyant dans la ville, p. 11.*

2. E. Fallot, P. Meyer: *Faut-il croire à l'astrologie ?*, in *Express* n° 1798, 27 Décembre 1985.

3. E. Morin: *La croyance astrologique moderne*, p. 12.

ou de radio qui n'ait son horoscope. Le salon de la voyance, qui a lieu chaque année à Paris, recense 100.000 visiteurs. La revue « Vous et votre avenir » atteignait en 1983 les 100.000 exemplaires ; alors, qu'Astroflash comptait, en 1984, pour l'année, un chiffre d'affaires de 10 millions de francs (ce qui correspond à environ 300 clients par jour)[1]. Face à l'ampleur d'un tel engouement du public, la voyance, phénomène social, devient aussi enjeu économique. Jamais concurrence n'a été plus vive. Du graphologue expert en recrutement au vaudou africain occidentalisé, en passant par l'astrologie informatisée, les techniques de connaissance de l'Homme et de son avenir fleurissent. Alors qu'est-ce qu'on demande au voyant et qu'est-ce que le voyant apporte : là est la question. Ce n'est plus de savoir si oui ou non on peut y croire, mais bien plus pourquoi y croit-on ?

2. Quelques points d'explication

Dans un monde conçu objectivement par la science, le recours au voyant intervient comme une bouée de sauvetage pour la subjectivité. L'individu veut parler et veut qu'on lui parle. L'éclatement de la famille a porté atteinte à l'identité de chacun. On ne sait plus qui on est et qui est l'Autre. L'individualisme, vecteur de la société moderne, responsable de malaises hautement contemporains (solitude, problèmes de communication), réduit le sujet à ne se définir qu'en fonction de sa position sociale. *« A ce moment, en somme, l'individu du monde citadin-industriel commence à se sentir amputé de sa dimension intérieure, celle qui l'identifie comme sujet unique, au profit de son individualité extérieure, celle de sa praxis sociale. »*[2]. D'où, il existe un désir, qui tient presque de la survie, de se retrouver par rapport à soi mais aussi par rapport à

---

1. E. Fallot, P. Meyer, *op. cit.*
2. E. Morin : *La croyance astrologique moderne*, p. 20.

l'autre. La voyance apparaît alors comme « science » du sujet et de son avenir.

D'autre part, dans notre société coexistent deux instances aussi opposées que complémentaires : l'individu et la foule ; ce qui explique chez le sujet le besoin de retrouver la sphère de l'intime. L'individu, en tant qu'un et indivis, n'a plus d'identité propre. Les droits, les devoirs, les problèmes, les maux, les revendications de chacun deviennent affaire collective. Afin de satisfaire une consommation de masse, nous avons une production de masse, une culture de masse et une information de masse. Or, le postulat de la voyance serait justement de considérer l'être en tant qu'entité. Pour illustration, nous pouvons porter un regard sur le cas de Luc M.

3. Un exemple significatif

Celui-ci prend rendez-vous pour une consultation dans un contexte particulier avec une demande particulière. Il vient alors de perdre son emploi, suite au dépôt de bilan de la société dans laquelle il travaillait en tant que directeur commercial. Il se trouve donc en rupture momentanée avec la vie sociale et économique de son pays. Or, cet état de crise que ne manque pas d'entraîner la perte de travail – dévalorisation, inquiétude face à l'avenir, autodépréciation – est, en quelque sorte, récupéré par un ensemble institué ou plutôt par une institution qui est celle des chômeurs. Ainsi, il a toujours une place ou l'illusion d'en avoir une. Mais alors que quelques jours auparavant, les chômeurs étaient des individus étrangers à sa vie, il devient lui-même, en un espace-temps réduit, membre interne, sujet de ce groupe. Le changement d'identité est aussi brutal que total. Dès lors, sa demande, ses problèmes sont ceux des chômeurs. Sa situation individuelle n'est pas perçue comme telle mais est renvoyée à une situation collective.

Luc M. est noyé dans une masse dont il se sent simultanément et paradoxalement exclu. Au-delà de la perte d'emploi, il y a appartenance à un groupe, dont l'effet sécurisant pour certains est vécu par d'autres, et particulièrement par Luc M., comme un second échec. Jusque-là le chômage était pour lui synonyme de paresse, de prise en charge, d'assistanat, de dépendance. Or, ces adjectifs qu'il assignait aux autres – les chômeurs – deviennent siens.

Pour sortir de cette impasse, il s'adresse à une voyante, en l'occurrence moi ; ceci pour la première fois, tout comme c'est la première fois qu'il se trouve sans emploi (coïncidence ?). Au-delà du fait de connaître son avenir, il a un besoin de reconnaissance, de prise en compte de son histoire personnelle. Il n'est alors, dans le cadre de la consultation, plus un chômeur parmi des millions, il redevient, à son plus grand plaisir, Luc M.

4. Et encore...

« Plus dure est la technologie, plus le mou de l'irrationnel fascine, séduit, console, materne. Après tout, une explication magique du monde est peut-être la meilleure façon d'éviter l'ulcère à l'estomac. »[1]

Il est vrai que, si le développement de la technologie a permis à l'homme d'améliorer ses conditions de vie, il l'a fait en niant sa vie intérieure. C'est pourquoi, tout un contre-courant est né en réaction à l'ère matérialiste : ce qu'Edgar Morin nomme la nouvelle gnose et qui serait *« un ensemble de croyances dont le dénominateur commun est un "ressourcement" magique, étranger et hostile à la tradition scientiste occidentale. »*[2]

D'autre part, une certaine insécurité se fait sentir. Guerre, famine, suicide, cancer et jusqu'au SIDA deviennent notre information quotidienne. Les menaces nous poussent à adopter une position plus idéologique. L'homme a besoin de fuir cette réalité, si cruelle et pourtant si réelle. Tout ce qui tient alors un discours optimiste, utopique, ou tout simplement différent, représente alors l'issue de secours.

---

1. M. Gehler : *L'horoscope s'arrête à Mourmansk*, p. 36
2. E. Morin : *La croyance astrologique moderne*, p. 26.

Ce paragraphe fait donc état d'une évidence : la voyance fait pleinement partie de notre environnement socioculturel. Sur un plan sociologique, il apparaît qu'elle vient d'une part, en réaction au développement technologique, scientifique et médiatique et d'autre part, en réponse aux conséquences de ce développement. Elle peut, à ce titre, être considérée par le public comme une solution possible aux excès et aux carences de la société moderne. En résumé, on peut relever trois facteurs culturels dont l'interférence produit une réaction de même nature.

FACTEURS SOCIOLOGIQUES		
MÉDIATISATION DE L'INFORMATION	ÉCLATEMENT DE LA FAMILLE	DÉVELOPPEMENT DE LA TECHNOLOGIE
émergence de l'événement médiatique dans notre quotidien	individualisme	amélioration des conditions de vie
morosité noirceur de la réalité	problème d'identité	négation de la vie intérieure
recherche d'évasion	recherche de reconnaissance	recherche de valeurs différentes
↘	↓	↙
	RECOURS AU VOYANT	

II. Le personnage du consultant

Démasquer la personnalité des consultants, voilà qui intéresse. Ceux qui fréquentent les cabinets d'occultisme sont-ils des spécimens de la nature ? des malades ? des fous de la boule de cristal ? des victimes de l'ignorance ? des obsédés des lignes de la main ? Non, apparemment, public difficile à catégorier, va voir Mme Irma, Mr Personne et Mme Tout le monde.
Il est vrai que, le plus souvent, le recours est occulté, la démarche est passée sous silence. Le tabou l'oblige, la discrétion s'impose. Cependant, la médiatisation massive et la commercialisation abusive des techniques prédictives dynamitent l'interdit, exorcisent la honte. L'horoscope au petit déjeuner, expéditif mais inévitable quand même, touche le grand public. L'autorisation, voire l'encouragement, à accréditer, dans une juste mesure toutefois, les arts occultes, est donnée. Il est même fréquent que l'on s'indigne ou que l'on s'amuse de la foi que portent certains Grands de ce monde à la voyance et à l'astrologie.
Huit millions de Français franchissent, chaque année, la porte d'un cabinet de consultations[1]. Public imposant et diffus qui semble augmenter d'une année sur l'autre. En 1960, 58 % des personnes connaissaient leur signe zodiacal contre 90 % aujourd'hui[2]. Autre phénomène significatif, en 1963, le Petit Larousse changeait la définition de l'astrologie, en passant de : « superstition ayant depuis longtemps disparu » à : « art de prédire les événements d'après les astres ».
Etant donné qu'il est difficile de dégager un profil type du consultant, je me limiterai à retranscrire les données sociologiques dominantes qui ressortent de différentes sources d'observation, et plus particulièrement d'un échantillon de ma propre

1. F. Laplantine : *Un voyant dans la ville*, p. 11.
2. E. Fallot, P. Meyer, *op. cit.*

clientèle représentée par les deux cents dernières personnes qui sont venues me consulter[1].

SYNTHÈSE DES DONNÉES RECUEILLIES POUR 200 PERSONNES : *145 femmes (F) / 55 hommes (H)*		
Age	Situation de famille	Profession
– 20 ans : 6 (6 F / 0 H)	*Marié :* 67 (50 F / 17 H)	*Sans :* 15 (15 F / 0 H)
20/29 ans : 57 (39 F / 18 H)	*Célibataire :* 63 (47 F / 16 H)	*Chômage :* 26 (21 F / 5 H)
30/39 ans : 67 (45 F / 22 H)	*Divorcé :* 60 (48 F / 22 H)	*Étudiant :* 9 (5 F / 4 H)
40/49 ans : 36 (30 F / 6 H)	*Veuf :* 10 (10 F / 0 H)	*Commerce :* 56 (29 F / 27 F)
50/60 ans : 23 (15 F / 8 H)		*Employé :* 51 (46 F / 5 H)
+ de 60 ans : 11 (10 F / 1 H)		*Enseignement :* 8 (4 F / 4 H)
		Médical : 21 (13 F / 8 H)
		Retraite : 9 (9 F / 0 H)

1. Voir annexe.

Le public, caractéristique principale, est majoritairement féminin. Selon l'échantillon de ma clientèle, on note 145 femmes pour 55 hommes[4]. *Hommes et femmes respectent le même profil (l'écart demeure d'environ 30% dans les trois colonnes).*
On observe également une moyenne d'âge jeune (environ 65 % de moins de 40 ans). Autre remarque qui s'impose, ce sont plutôt des personnes non attachées par les liens du mariage qui viennent consulter (seulement 35 % de personnes mariées). Pour ce qui est du statut social, c'est surtout la classe intermédiaire qui est représentée (on note très peu d'ouvriers ou de personnes sans emploi). J. Dessuart a fait la même observation : *« Hommes politiques, hommes d'affaires, médecins, artistes voisinent avec la secrétaire ou l'ouvrier dans les salles d'attente des voyants... Le gros de la clientèle appartient cependant à la classe moyenne et se compose d'employés, de techniciens et de commerçants. »*[2]

Il n'est pas possible, d'un point de vue sociologique, de cerner plus étroitement la personnalité du consultant. Par contre, il me semble important d'insister sur la différence qui existe entre la démarche masculine et la démarche féminine. L'homme se montre efficace dans son recours. La relation est peu chargée affectivement et demeure de l'ordre du conseil. La consultation est courte, ce qui n'empêche pas que le recours soit régulier, voire même fréquent. En fait, il n'y a pas d'attachement exagéré à la personne du voyant. L'homme expose son problème de manière quasi-mathématique et ne se disperse pas dans d'autres directions. Il manifeste une certaine réserve, ce qui lui permet d'être plus ambivalent. Aussi, je n'ai jamais eu de difficultés (transgression du cadre, croyance excessive, relation primaire) avec le public masculin. C'est, d'ailleurs, la raison pour laquelle mes trois études de cas ont pour sujet des femmes.

---

1. J. et A. Dessuart : *La voyance*, p. 78.
2. *Idem*, p. 78.

III. La réalité individuelle de la demande

« Lorsque les deux branches d'une alternative sont également chargées de conséquences favorables ou défavorables ; lorsque les critères objectifs n'ont pu fournir des motifs de trancher dans un sens plutôt que dans l'autre ; lorsque confiance et méfiance sont incertaines dans l'une et l'autre hypothèse, lorsque seule désormais peut être décisive la chance, l'astrologie peut ici intervenir, apporter une sorte de rationalité seconde ou insuffler une nouvelle vigueur à la rationalité épuisée. Elle peut aider, voire chasser le hasard (le recours au pile ou face) comme la subjectivité (l'intuition). Elle peut rassurer, rendre confiance : or le fait de croire en sa chance est un facteur de réussite. »[1]

Après avoir abordé ce qui, d'un point de vue sociologique, pouvait expliquer, chez l'homme du XXe siècle, le recours à la voyance, je vais tenter de faire de même d'un point de vue psychologique. Ce paragraphe a donc pour ambition d'essayer de recenser les différents processus psychiques mis en place lors d'une telle démarche. Avant tout, il importe d'établir d'emblée une distinction entre ce que nous appellerons d'une part, les demandes manifestes, c'est-à-dire les justifications apportées par les consultants eux-mêmes et d'autre part, les demandes latentes, c'est-à-dire la dimension cachée, sous-jacente au motif déclaré.

Les premières s'expriment dans un langage sémiologique ou digital. Elles font intervenir un système de signes conventionnels qui prennent sens sur le même registre pour celui qui émet le message et pour celui qui le reçoit. Aussi, nous verrons que si la formulation est claire dans sa forme, elle ne l'est pas nécessairement dans son fond. Des deuxièmes – les demandes latentes –, nous pouvons dire qu'elles reposent sur une communication symbolique ou analogique. Ainsi, soit la dimension latente n'est pas « parlée » mais elle fait partie intégrante de

1. E. Morin : *La croyance astrologique moderne*, p. 68.

la demande déclarée, soit elle est exprimée en des termes détournés qui nécessitent une interprétation. Nous pouvons dire également de la demande manifeste qu'elle rend intelligible et saisissable un besoin, c'est-à-dire accessible à la compréhension de l'autre (le voyant) pour que ce dernier puisse apporter une réponse, qui est surtout de l'ordre d'une réassurance narcissique. En d'autres termes, elle médiatise le besoin du sujet par l'autre. Quant à la dimension latente, elle renvoie à un mouvement plus fondamental, et en partie inconscient, elle contient le désir qui, par nature, n'est pas représentable.

1. Les demandes manifestes

En règle générale, au commencement de la consultation, le sujet tait volontairement la motivation génératrice de sa démarche. Par la suite, il advient que le recours au voyant était, en fait, agi par une attente tout à fait précise. Il est nécessaire afin de clarifier cet exposé de procéder à une classification. Cependant, il est important de préciser que, dans la réalité, les différents aspects ne sont pas aussi tranchés, voire clivés, mais bien au contraire, souvent imbriqués les uns dans les autres, mélangés parfois en un ensemble confus.

1.1. Les différents champs de questionnement

Autrement dit, sur quoi porte la demande ?
J'établis une classification à partir de ma propre clientèle mais il est vrai que celle-ci est à peu près la même pour l'ensemble de la profession – c'est, en tout cas, ce que laissent entendre tous les articles de journaux et documentations consultés.

- *le domaine sentimental*

La question affective arrive en tête des classements. Le cœur est souvent au centre des interrogations. Cet état de chose peut être lié à la constitution majoritairement féminine de la clientèle. Non pas que le sentiment amoureux suscite moins d'intérêt chez l'homme que chez la femme, mais peut-être que cette dernière ressent plus le besoin d'en parler. D'autre part, je suis moi-même une femme, ce qui favorise les processus identificatoires. Les interrogations portent sur les points suivants : divorce, solitude affective, attente d'une rencontre, infidélité, situation conflictuelle, mariage...

- *le domaine professionnel*

Là aussi, il est possible d'établir une distinction entre l'homme et la femme. Tous deux abordent le travail mais chez l'homme, cette demande est, la plupart du temps, isolée alors que, chez la femme, elle est couplée avec une demande d'ordre sentimental. En fait, on recense un phénomène inverse au niveau du comportement masculin et du comportement féminin, qui pourrait s'énoncer ainsi :
– homme : travail et/ou sentiments
– femme : sentiments et/ou travail.
Les questions d'ordre professionnel portent sur : un changement de travail, les problèmes de chômage, une éventuelle promotion, la création d'une société, l'ouverture d'un commerce...

- *la santé, l'argent, la famille*

Ce sont des sujets qui sont toujours abordés en consultation, mais qui ne représentent cependant que très rarement le motif initial.

1.2. Les différentes natures de questionnement

- *la curiosité*

« Je viens comme ça – pour voir – pour m'amuser – pour rien... »
Bien qu'elle soit souvent évoquée, elle représente en fait plus un prétexte qu'une raison. Il s'avère généralement qu'elle sert à travestir la réalité de la demande. C'est en quelque sorte un déguisement qui présente comme avantage pratique de minimiser la démarche en se protégeant de l'effet de la consultation et en se défendant contre un investissement trop massif. De plus, la curiosité-alibi permet au consultant de s'assurer le silence, de garder le secret sur ses véritables motivations.

- *l'indécision*

« que dois-je faire ? »
Le consultant s'adresse au voyant parce qu'il a un problème spécifique et qu'il ne se sent pas à même de le résoudre tout seul. Il se trouve généralement dans une situation confuse tant au niveau du contenu qu'au niveau de l'issue. Il désire s'épargner l'incertitude en l'échangeant contre des convictions. Le voyant est considéré comme auxiliaire de décision lorsque les critères objectifs ne peuvent trancher. La consultation intervient comme palliatif du doute.

- *l'angoisse*

« Qu'est-ce qui va – encore – m'arriver ? »
L'angoisse est pourvoyeuse de consultants. Ceux-ci justifient leur recours au voyant par *« une "épreuve" insurmontable, un événement anxiogène face auquel le sujet se trouve démuni, pour l'affrontement duquel son système de défense habituel se révèle insuffisant. »*[1] La situation est vécue comme douloureuse et menaçante. Ce qui, ici, accentue l'intensité de la demande, c'est qu'il y a urgence. C'est un appel au secours et c'est souvent l'ultime recours. Le voyant est investi d'un pouvoir : il apparaît comme détenteur de « la » solution.

- *la communication*

« Ecoutez-moi... Qu'en pensez-vous ? »
« Le besoin de communiquer, de se confier représente 40% des motivations des consultants et il n'est pas rare que l'un de ceux-ci reparte au bout d'une heure de consultation sans que le voyant ait pu prononcer un seul mot. »[2] Ici, il n'y a pas, à proprement parler, de demande divinatoire mais plutôt une volonté de dialogue. Le voyant intervient comme interlocuteur et il permet d'éviter l'isolement ou d'exprimer ce qui est habituellement tu, soit parce que le sujet est réellement seul, soit parce qu'il ne

---

1. F. Laplantine : *Un voyant dans la ville*, p. 84.
2. J. et A. Dessuart : *La voyance*, p. 17.

dispose pas d'un entourage habilité à le comprendre et surtout à l'écouter. C'est une recherche de verbalisation.

- *la garantie*

« Ai-je raison ? »
Le consultant a un projet, une idée qu'il désire soumettre à l'avis d'un autrui extérieur et neutre. C'est une recherche du sentiment de l'autre, qui peut être assentiment ou au contraire désapprobation. Le voyant est considéré comme garant pour le consultant qui a un souci de vérification.

- *la nécessité de faire le point*

« Où j'en suis ? »
La démarche, généralement ponctuelle, est animée par un besoin de prendre du recul, de réfléchir, de porter un regard sur la situation du moment et d'envisager l'avenir. C'est un travail de bilan.
Dans tous les cas, que la demande porte sur un domaine spécifique ou sur la totalité de l'existence du sujet, il y a une raison au recours. Quoiqu'on en dise, on ne va pas consulter un voyant « comme ça », « pour voir ». Tout un processus est mis en œuvre : il faut prendre un rendez-vous, se rendre chez le voyant, lui donner une partie de son temps, de son argent, ce qui confère à l'acte lui-même une importance, un caractère solennel. Ainsi, le recours constitue une véritable démarche, un engagement, un premier investissement. Une consultation est un événement original dans le cours des choses, dans le rythme régulier de la vie. De même qu'on s'adresse à son médecin parce que l'on est (ou se croit être) malade, on s'adresse au voyant parce qu'il y a dysfonctionnement, malaise, mal-être.
Après s'être penché sur les différents champs et natures de questionnement, il reste une distinction supplémentaire à établir qui est ce que j'appellerai le degré d'investissement.

1.3. Les différents degrés d'investissement

Pour François Laplantine, l'appréhension de la voyance oscille *« entre les deux pôles d'un balancier commandé par la logique*

binaire du tout ou du rien c'est-à-dire du refus systématique de ceux qui estiment que le voyant ne voit rien de plus que vous ou moi, au prestige et à la considération de ceux qui attendent tout de lui. »[1]
(Attitude d'ailleurs d'après lui typiquement française.)
Il est vrai que dans les avis émis à propos de l'occultisme en général, il ressort très nettement deux clans fondamentalement opposés : les pour et les contre. Or, dans la réalité pratique, le rapport au voyant ne semble pas se réduire à ce clivage. Il apparaît, en fait, toute une marge d'individus qui, sans adhérer totalement à la voyance, n'y sont pas pour autant hostiles. Pour beaucoup, en effet, et nous le verrons particulièrement à propos de la croyance, la pensée magique est, à certains moments, latente et inconsciente et, à d'autres moments, manifeste et consciente. Ce qui revient à dire qu'il n'y a non pas deux groupes mais trois, se positionnant ainsi : aux deux extrêmes, ceux qui refusent radicalement l'idée même d'une possibilité divinatoire et ceux qui, à l'inverse, manifestent une foi aveugle et absolue en celle-ci, et au centre, ceux qui reposent sur un compromis entre croyance et incroyance, adhésion et rejet.
Il est évident que pour deux individus ayant le même questionnement, l'attente, et de fait la demande, pourra être différente ; tout simplement parce que le voyant sera perçu différemment par l'un et l'autre. Ce qui revient à dire que ce n'est pas parce qu'on s'adresse au voyant pour une même raison, qu'on en attend le même résultat.

- *la demande totale*

Se réunissent ici ceux qui ont une image implicite du voyant, image qui repose sur des mythes véhiculés par une histoire, par une culture et par une société. Ils ont une conception irrationnelle de celui-ci qui se satisfait de preuves et de référents purement subjectifs. Cette perception fait intervenir les processus psychiques primaires, c'est-à-dire qu'il y a absence de mentalisation. On est dans la phase de l'illusion telle qu'elle est définie par

1. F. Laplantine : *Un voyant dans la ville*, p. 33.

Winnicott[1]. Le rapport est de l'ordre de l'attachement et s'articule uniquement autour d'une croyance, ici, archaïque, qui fait de ce type de relation, une relation essentiellement affective. C'est en ce sens que j'emploie le terme de demande totale car le sujet attend tout de la consultation. Il investit le voyant d'un pouvoir sans faille et sans limite.

- *la demande partielle*

Se regroupent ici ceux qui oscillent entre croyance et scepticisme. Généralement, une telle attitude se rencontre chez des individus suffisamment cultivés pour que, rationnellement, il n'y ait justement pas un engouement total. En fait, ils se trouvent en position de compromis entre la pulsion et la défense. Chez eux, l'acceptation de la voyance varie en fonction de différents facteurs. (Voir chapitre sur la croyance.)
J'esquisse simplement ici un portrait pour dissocier ces deux modes de perception l'un de l'autre. Le tableau qui suit permet de schématiser ces différents degrés d'investissement.

Demande totale	**Demande partielle**
Engouement total	Croyance sous conditions
Démarche de type affectif	Démarche de type intellectuel
Représentation collective	Représentation personnalisée
Se satisfait de preuves subjectives	Recherche d'objectivité
Processus primaires	Processus secondaires
Fonctionnement archaïque	Fonctionnement plus élaboré
Clivage : tout ou rien	Accès à l'ambivalence
Recours systématique	Recours ponctuel

1. D. W. Winnicott : *Processus de maturation chez l'enfant.*

2. Les demandes latentes

Il a été établi précédemment ce qui est de l'ordre du manifeste, ce qui fait partie du motif déclaré. Toutefois, il reste évident que, sous ces justifications communes, existent des enjeux plus fondamentaux et qui reposent sur une dimension inconsciente. Cette partie a ainsi pour objet de prendre en compte la valeur sous-jacente que l'on peut accorder à un tel recours. J'envisagerai ici la dimension latente de la demande en fonction de ce qui est mis en jeu dans la consultation, en la traitant d'un point de vue dynamique. Les différents éléments, abordés dans cette étude, seront repris et approfondis ultérieurement.
Il semblerait que le recours au voyant soit au départ une nécessité pratique ; c'est-à-dire que l'acte intervienne comme la réponse à un besoin. La consultation constitue déjà une aire d'expérience particulière et privilégiée, se situant hors de la réalité quotidienne. Dans ce lieu, peut s'élaborer la vie fantasmatique du sujet. Face à une situation anxiogène, ou plus simplement face à l'émergence de pulsions déplaisantes, il y a recherche de mieux-être. Pour reprendre ce que Freud a expliqué à propos du principe de plaisir[1], il est possible d'avancer que le recours au voyant pourrait prendre sens comme tentative pour maintenir, ou pour ramener, aussi bas que possible la quantité d'excitation, permettant ainsi d'éviter de créer du déplaisir. La démarche, intervenant comme réaction, répondrait à l'exigence d'apaisement que génère la montée d'angoisse.

2.1. Un autre rôle

Lors d'une consultation, c'est-à-dire dans un lieu et dans un temps hors de la réalité objective, le sujet peut se créer une néo-réalité. En se racontant, en mettant en mots ce qui est de l'ordre d'un vécu, il s'attribue une position différente par rapport à sa quotidienneté. Il joue un autre rôle. Il se sort de l'agir dans lequel il est pris et dont souvent il est victime, en passant d'une position d'acteur, souvent passif, à une position de spectateur, ici actif.

---

1. S. Freud : *Au-delà du principe de plaisir*, in *Essais de psychanalyse*, p. 45.

Ceci lui permet, comme dans le travail du rêve, de recréer une réalité, en en changeant les modalités, plus conforme à ses désirs.

En comparaison avec l'histoire de l'enfant à la bobine, il apparaît que la démarche divinatoire peut avoir la même valeur symbolique et surtout la même fonction pratique. C'est-à-dire que le recours équivaudrait à un type de solution assurant le contrôle sur une situation menaçante, face à laquelle le sujet est en position de soumission. Face à l'impossibilité de régler les tensions dans la réalité objective, le sujet accède à une réalité virtuelle. La consultation pourrait, dès lors, être assimilée à une rêverie diurne, production de l'imaginaire, avec en supplément non négligeable la garantie d'un tiers. Ainsi, en dehors de toute perspective divinatoire, le simple fait de pouvoir exprimer ses désirs, exorciser ses peurs, suffit à soulager le sujet. A travers son récit, il revit des événements passés, présents et il se projette dans l'avenir, mais non pas un avenir inconnu et menaçant, mais un futur rassurant, fantasmé, prometteur.

2.2. La déresponsabilisation autorisée

Le « qu'est-ce que je dois faire ? » ou encore, sous une forme plus travestie, le « qu'est-ce qui va m'arriver ? » a une fonction libératrice prédominante. Tout se passe comme si le sujet déposait, dans ce lieu, le fardeau que peut constituer son histoire personnelle et le donnait à gérer au voyant, faisant en l'occurrence office de bon parent. La consultation autorise, en effet, le sujet à retrouver une position infantile, qui lui offre l'avantage d'une prise en charge. Face à cette autorité instituée, il accède à une déresponsabilisation qui entraîne un soulagement par rapport à des situations de choix, à des prises de décisions et autres responsabilités, qui sont génératrices d'angoisse. On peut citer, à ce propos, les expériences menées par Laborit dans le cadre de sa recherche sur le stress. On place deux singes sur un plancher sous lequel passe un fil électrique. L'un des deux singes, à la différence de l'autre, dispose d'une manette qui lui permet, lorsqu'intervient la décharge, de couper le courant. Or, il s'avère que le singe qui bénéficie du pouvoir actif, est le premier à faire un ulcère. Cette expérience permet de mettre en évidence le fait que les responsabilités sont facteur de stress. Ainsi, chez l'homme, le recours au voyant garantit le confort psychologique que permet tout système d'assistanat. Le consultant se décharge d'une autonomie d'action qui rend plus pesantes les erreurs commises et plus douloureuses les difficultés rencontrées. Sous couvert d'un fatalisme pratique, le sujet se préserve de toute responsabilité dans ce qu'il advient – « je n'y suis pour rien ».

2.3. L'exigence narcissique

C'est également ce même phénomène qui tend à une recherche de maternage et qui correspond au désir que l'on s'occupe de soi, et déjà que l'on s'intéresse à soi. Ici, d'ailleurs, intervient ce qui est de l'ordre d'une réassurance narcissique. En effet, les consultants sont généralement en perte de confiance, soit en eux-mêmes, soit dans leur environnement. Ils sont soumis à un mouvement dépressif qui a pour effet d'entraîner une dévalorisation et une dépréciation de leur personne. Le voyant, par sa présence d'abord, par son écoute ensuite, par ses propos en dernier lieu, assure au sujet démuni une reconnaissance. Même s'il n'abonde pas dans le sens désiré par le consultant, il lui laisse toujours un espoir (sa vie ne peut pas être définitivement « noire » !). Tout se passe comme si le sujet demandait : « dis-moi que je suis encore capable de réussir quelque chose, que je ne suis pas tout mauvais... »
La consultation a pour effet de redonner au sujet les valeurs positives qui lui faisaient défaut, de conférer un sens à ce qui lui arrive et de ramener l'accidentel et l'incompréhensible à l'ordre et à la clarté.

2.4. L'autre narcissisme

Ainsi, dans la dynamique de la consultation, par un mouvement inconscient, le consultant s'attribuerait la toute-puissance qu'il avait initialement accordée au voyant, phénomène qui se traduirait par la « transmission de l'omnipotence ». En référence à ce qu'expose Freud dans « Totem et tabou », il est possible d'évoquer la toute puissance des idées. Ceci se concrétise par la valeur démesurée qui est attachée aux désirs. Dès lors, tout ce qui est affectivement représenté est considéré comme réalisé. Ainsi, les désirs, bien que satisfaits dans la consultation sur un mode hallucinatoire, sont perçus comme étant réellement accomplis. Ce phénomène s'apparente à la sexualisation de la pensée, qui aboutit à ce que Freud nomme : le narcissisme intellectuel. D'ailleurs, la divination autorise le sujet à prendre ses désirs pour des réalités et la réalité pour le fruit de ses désirs. Il y a donc prédominance de la vie fantasmatique, qui permet la jouissance que procure la satisfaction illusoire des désirs.

CHAPITRE 2 : L'OFFRE

« Tout le monde est prophète, mon cher André Willy,
Mais, il y a si longtemps qu'on fait croire aux gens
Qu'ils n'ont aucun avenir et qu'ils sont ignorants
Et idiots de naissance.
Qu'on en a pris son parti et que nul n'a même idée
De se demander s'il connaît l'avenir ou non.
Il n'y a pas d'esprit religieux dans tout cela
Ni dans les superstitions, ni dans les prophéties
Ni dans tout ce que l'on nomme occultisme
Il y a avant tout une façon d'observer la nature
Et d'interpréter la nature
Qui est très légitime. »

Guillaume Apollinaire,
Calligrammes, 1918

I. Introduction

Pour Marcel Mauss, le magicien existe parce qu'on lui demande d'exister ; ce qui signifie que si on ne le lui demandait pas, il n'existerait pas. C'est également l'idée que défend P.F. Fournier lorsqu'il écrit : *« Dans tout ce qui touche aux arts magiques il y a, d'une part le magicien et, d'autre part, le client. Si le second n'existait plus le premier disparaîtrait du même coup. »*[1] C'est pourquoi, avoir placé, dans le cadre de ce mémoire, le chapitre de la demande avant celui de l'offre, traduit l'intention que j'ai de me maintenir au plus près de l'élaboration chronologique propre à la pensée magique. En effet, au niveau de cette organisation,

1. P. F. Fournier : *Magie et sorcellerie*, p. 225.

de l'existence de la demande dépend celle de l'offre, et non pas l'inverse. Plus encore, de la demande, exigence extérieure, résulte non seulement l'existence du magicien mais également ses fonctions et son rôle.

«... le magicien simule parce qu'on lui demande de simuler, parce qu'on va le trouver et qu'on lui impose d'agir : il n'est pas libre, il est forcé de jouer, soit un rôle traditionnel, soit un rôle qui satisfasse à l'attente de son public. »[1]

Il est, en fait, important d'insister sur ce système particulier d'échange, qui fait que l'on prête à quelqu'un ce qu'ensuite on vient lui demander de nous (re) donner ; car il est à l'origine de la mythification et de la mystification dont le voyant fait l'objet. Son personnage, son savoir et son pouvoir sont déterminés avant tout – et pourrait-on dire uniquement – par son public.

L'étude précédente portant sur la demande a mis en évidence la nécessité contemporaine, tant dans sa dimension collective que dans sa dimension individuelle, de recourir à la pensée magique ; l'offre intervient donc véritablement comme la réponse indispensable à cette demande massive. Alors, ceux qui se proposent de répondre à ce besoin, qui sont-ils ?

« Les humains réputés pourvus d'un tel savoir le sont, croit-on, en vertu d'une sorte de don personnel, souvent plus ou moins mal défini, d'origine obscure, ou en relation plus ou moins bien définie avec une ou plusieurs puissances elles-mêmes plus ou moins bien définies. Il passe pour être transmissible par hérédité ou par transfert. »[2] En effet, tout porte à croire que les dénommés voyants sont des individus particuliers, hors du commun ; ce qui se manifeste par une ritualisation de leur présentation, sorte de panoplie obligatoire pour être – et déjà paraître – un bon voyant.

---

1. M. Mauss : *Sociologie et anthropologie*, p. 89.
2. P. F. Fournier : *Magie et sorcellerie*, p. 10.

II. Le personnage du voyant

Il a certes évolué au fil du temps ; son statut, son apparence, son intégration sociale ont subi des fluctuations de surface. Il est certain que l'on s'est éloigné de l'image traditionnelle du voyant, bien qu'elle demeure encore évocatrice et représentative à l'heure actuelle.
La profession est constituée en grande majorité de femmes (85% pour 15% d'hommes). L'âge de la plupart se situe entre 40 et 65 ans. *« Cependant, actuellement, une forte poussée de "jeunes" est en voie de se matérialiser dans la profession, ils se situent autour de 30 ans, rarement en dessous. »*[1] Pour ce qui est de leur origine socioculturelle, il semblerait que ces derniers soient en majorité issus de classe modeste : *« ce phénomène est facilement compréhensible. En effet, ceux qui possèdent ce don et sont nantis d'une famille bourgeoise, sécurisante, n'ont naturellement pas le désir de faire leur un métier non reconnu, et souvent décrié pour beaucoup, leur naissance, leur entourage familial offrant des possibilités professionnelles évidemment autres. »*[2]

Il est difficile de donner une estimation précise du nombre de cabinets d'occultisme en exercice en France. Les chiffres avancés atteignent des seuils considérables – 30 000 pour Dessuart, 40 000 pour Laplatine, 50 000 pour Morin. L'ampleur de ce mouvement est mis en évidence si l'on compare ces évaluations au nombre de médecins installés dans la métropole ; en 1983, on recensait 42 970 médecins généralistes travaillant en libéral (Quid, 1986).
Bien que l'exercice de la profession soit illégal et condamné par les articles R 34/ R 35/ R 36/ R 37 et 405 du Code Pénal (révisé en 1958), l'activité divinatoire est tolérée et représente un marché économique de plus en plus puissant. Devant l'absence

---

1. J. et A. Dessuart : *La voyance*, p. 54.
2. *Idem*, p. 55.

de déontologie, la profession est totalement affranchie de toutes contraintes et de toutes limites. S'installe qui veut ! De ce fait, les honoraires perçus varient et peuvent atteindre dans les grandes villes jusqu'à 600/800 Francs la consultation, voire au-delà. Naturellement, la profession est divisée en plusieurs catégories, et si j'emploie le terme de voyant en l'appliquant indifféremment à tous, dans la réalité bon nombre de distinctions existent dans l'utilisation particulière des mancies. De ceux qui étudient les cartes (cartomancie), jusqu'à ceux qui explorent les lignes de la main (chiromancie), tout est possible et surtout... tout est permis ! P. F. Fournier précise que les professionnel de l'occultisme, sans distinction aucune, étaient, en 1935, classés par le fisc sous la rubrique : « tenant un bureau de renseignements »[1].

Ceux qui revendiquent le plus leur différence et leur autonomie sont les astrologues. *« Il faudrait ne pas confondre, les deux camps l'exigent, astrologues et voyants : les premiers se réclament de la science, les seconds jouent sur les dons. »*[2] Edgar Morin a clairement expliqué ce souci de démarcation. C'est seulement en niant (ou déniant ?) la magie que l'astrologie peut avoir figure de science[3]. Désireux d'être pris au sérieux, ils jouent la carte de la rationalité. Seulement, le plus souvent, la technique astrologique est associée à une autre technique et l'astrologie retourne alors à ce qu'elle a toujours été : un art d'interprétation subjectif.

1. P. F. Fournier : *Magie et sorcellerie*, p. 220.

2. P. Sery : *Ces voyantes qui nous gouvernent*, p. 63.

3. Jacques Maître rapporte, à ce propos, que dans la semaine du 6 au 12 Décembre 1959, sur 25 horoscopes comparés, il n'y avait aucune corrélation entre les uns et les autres. Donc, science : à vérifier ! in *La consommation d'astrologie dans la France contemporaine*, p. 440.

III. La représentation mytho-officielle du voyant

Face à la difficulté de juger la qualité du voyant – pas de système de codification – on recourt à d'autres critères de sélection qui, bien qu'improvisés, et à mon sens sans valeur objective, sont les mêmes pour tous. Ce mode subjectif de reconnaissance s'établit sur cinq niveaux, fonctionnant d'ailleurs généralement ensemble. En effet, pour plus de crédit, mieux vaut réunir toutes les garanties qui sont les suivantes :

- la provenance de son savoir : beaucoup revendiquent un « don » inné ou héréditaire, ou encore des antécédents, une filiation quelconque.
- la structure de sa clientèle : certains annoncent une clientèle sélecte de personnages publics : médecins, avocats, gros industriels, hommes politiques, hommes et femmes de spectacle.
- ses qualités morales : honnêteté, désintéressement, altruisme, encore une fois : don, mais cette fois-ci de soi.
- sur l'authenticité de son travail : non-utilisation de support, « voyance pure », sérieux, infaillibilité. Ici, il s'agit *« de combattre l'erreur qui est à la fois une attaque contre la vérité idéalisée et une contamination du bon par le mauvais. »*[1]
- sur l'originalité de son travail : exotisme et orientalisme sont de plus en plus à la mode, ou au contraire, « haute technologie » qui confère un caractère de modernité, voire de scientificité.

Afin de rendre plus évidents les usages qui sont en cours dans cette profession, il suffit de regarder les nombreuses publicités qui figurent dans la presse spécialisée ou moins spécialisée. Ces

1. R. Kaës : *L'idéologie, études psychanalytiques*, p. 126.

dernières reflètent bien le discours qui est de rigueur dans le monde de la divination.
D'autres exemples confirment ce que j'énonce. Dans l'ouvrage *Un voyant dans la ville*[1], sans que cela enlève de la qualité à l'étude réalisée par les différents chercheurs, Georges de Bellerive apparaît comme le « bon » voyant ; c'est-à-dire comme le représentant absolu et sans faille de la voyance. Il se met, et il est souvent mis, en opposition au « mauvais » voyant. Je ne conteste nullement les compétences et l'intégrité de Georges de Bellerive mais la reproduction du même, qui fait que tous les professionnels tiennent un discours identique, prend un caractère idéologique indéniable. Même dans un ouvrage se revendiquant objectif, on arrive à une définition idéale du voyant. Tous les ingrédients afin de l'instituer en modèle y sont réunis.

- la provenance de son savoir :

Etre voyant pour lui, ce n'est pas un métier parce qu'il n'y a pas d'apprentissage. C'est un "don". » (p. 72)
« La voyance, c'est d'abord un "don",le même que celui de sa mère, c'est un "don de Dieu", comme cette "certaine classe", distinction innée qu'ils partagent tous les deux. Ce don en fait des êtres élus, à part, des êtres d'exception comme Armand de Puységur. » (p. 68)
« Il existe une parenté avec Armand Jacque Marie de Puységur » (1751-1825) (p. 52)
Toujours à propos de Puységur : *« ... dont Georges est, par famille paternelle, le descendant et à bien des égards l'héritier. »* (p. 22) Ou encore plus loin : *« Armand, c'est aussi le prénom du grand-père maternel de Georges. »* (p. 68)
Et Georges de Bellerive de préciser : *« Je n'ai pas cherché à l'imiter, ni à l'invoquer alors que je le pouvais... »* (! ! !) (p. 69)

- *sa clientèle :*

« Nombre de personnes connues défilent discrètement dans le cabinet... » (p. 55)

---

1. (sous la direction de) F. Laplantine : *Un voyant dans la ville*, p. 84.

- *ses qualités morales :*

« Je dois donner ma voyance comme d'autres donnent leur sang. » (p. 72)
Il parle de « démarche humanitaire », de « sacerdoce », de « mission ». (Ce qui ne l'empêche pas de demander des honoraires élevés pour ses prestations.)

- *l'authenticité de son travail*

« Georges se dit différent, différent des autres personnes donc, différent des autres voyants, "les charlatans". Il pratique la voyance pure, par voie directe, et sans support (boules, tarots) » (p. 73) *« Il se refuse à compenser les lacunes de la voyance par les artifices (cartes, boules) qu'il tient pour de simples inducteurs. »* (p. 55)

Or, on apprend au détour du livre que les supports tant dépréciés par Georges de Bellerive ont, toutefois, été utilisés par le voyant (de manière plus performante ?). Il fondait même, il y a quelque vingt-cinq années, une école de graphologie. (p. 132)
Il ajoute, cependant, à propos : « Pourquoi devrais-je emprunter un chemin de terre, alors que je suis sur une autoroute ? » (p. 132)
De plus, il dit lui-même utiliser des jeux de cartes, tarots, etc., afin, toujours selon ses propos, de faire diversion. N'est-ce pas là méconnaître la valeur hautement symbolique des arts occultes traditionnels que de les considérer comme de simples supports ?
Georges de Bellerive apparaît donc comme le prototype du voyant idéal, ce qui est posé en terme de réalité par Richard Alouche : *« Pour faire de la "bonne sociologie", j'aurais mieux fait de tomber sur un mauvais voyant. Ils sont légion, ceux qui trompent leur public... »* (p. 96)

L'exposé de ces données n'est pas à considérer comme une critique formulée à l'égard des différents co-auteurs du livre. Ce qui me semble, par contre, révélateur est cette impossibilité à sortir de ce système rigide de reconnaissance, unique référent. A l'intérieur d'une étude qui se propose de se poser en observateur d'un phénomène contemporain, et qui surtout porte un questionnement sur ce perpétuel clivage dont fait l'objet la voyance, on ne parvient pas à tenir un discours différent et à éviter la répétition du même. J'ai abordé cet ouvrage de deux positions différentes :

- en tant que « voyante », sa lecture a réveillé en moi une certaine blessure narcissique car il faut bien le reconnaître, Georges de Bellerive n'est guère tendre avec ses « collègues ».
- en tant que « dupsienne », c'est-à-dire dans ma position d'observateur, il a confirmé mes questionnements. Et s'il n'y avait pas de bon voyant ? Si c'était un leurre ?

IV. Mon rôle : de l'idéal à la réalité

Il importe à présent de définir réellement le rôle du voyant, c'est-à-dire non plus celui qu'on lui donne à jouer, mais le rôle que lui-même se reconnaît. Pour ma part, je considère avoir avant tout une fonction d'aide et de soutien. Je suis « normalement » là pour répondre aux besoins spécifiques d'une personne, dans un moment donné. Il m'incombe la responsabilité de lui donner une autre vision des choses, qui peut lui permettre d'assumer différemment ou mieux une réalité qui lui est difficile à vivre parce qu'elle ne la comprend pas.
Je ne reviendrai pas sur les origines de ma profession actuelle puisqu'elles ont fait l'objet d'un chapitre particulier. Cependant, l'élaboration de ces intérêts peut en partie expliquer le fait que je n'ai pas eu un sentiment de vocation. Il n'y a pas pour moi d'acte divinatoire au sens où on l'emploie communément mais, plutôt, en raison de l'utilisation d'un outil spécifique, exploration dans le temps du consultant. Comme toute pratique prévisionnelle, le Tarot permet de voyager dans l'espace et dans le temps. Il est pour cela nécessaire de remettre en question cette conception linéaire que l'on a du temps. La représentation du temps dans la pensée magique sera traitée et développée en profondeur ultérieurement.

TROISIÈME PARTIE : PROBLÉMATIQUE

CHAPITRE 1 : PROBLÉMATIQUE

CHAPITRE 2 : ÉTUDES DE CAS ET COMMENTAIRES

Chapitre 1 : problématique

I. Introduction à la problématique

Les choses se sont déroulées selon ce schéma : l'exercice d'une pratique qui pose des problèmes cruciaux. En vue de leur compréhension, voire de leur résolution, j'entreprends une démarche au niveau du DUPS[1], puisque le projet de ce diplôme semble être, au-delà de la reconnaissance officielle d'un niveau d'études, une réflexion sur une pratique personnelle, une théorisation de celle-ci. Ainsi, les difficultés, qui se posent à moi peuvent déjà être nommées. C'est donc bien d'une revendication dont il s'agit, et écrire et être lu, parler et être entendu, constituent déjà une prise en compte, reconnaissance de mes questionnements.

Il se trouve que la voyance consiste avant tout – et pourrions-nous dire uniquement – en une relation ; relation qui renvoie à d'autres relations. L'échange est d'ordre intersubjectif et affectif. Bien que mon travail n'aie ni prétention, ni visée thérapeutique, il en revêt à différents endroits bien des aspects[2]. Les règles de fonctionnement s'apparentent de près à la relation médicale : prise de rendez-vous, relation duelle, temps donné, lieu spécifique, tarif fixé. Il y a donc bien un cadre, dont la fonction de contenir se révèle, on le verra par la suite, souvent insuffisante.

Alors quels sont les problèmes qui ont fait, qu'à un moment

1. Diplôme Universitaire de Pratiques Sociales.
2. Se rapporter à l'étude de cas de Nicole (page 101)

donné, je me sois sentie suffisamment interrogée pour entreprendre une démarche de type euristique ?
Le choix de ma profession s'est élaboré de manière brutale ; je ne l'ai pas décidé, je ne l'ai pas pensé : je l'ai agi. D'ailleurs, à quelques années de distance, il m'apparaît que j'aurais été dans l'incapacité de pouvoir imaginer alors les conséquences de cette orientation. Je ne pouvais me représenter, du fait de mon jeune âge et de mon absence de formation en psychologie, ce qui se joue dans une relation, car ceci constitue fondamentalement plus une expérience qu'un savoir. Il est certain que tous les mécanismes relationnels se fondent sur les mêmes principes, mais il est aussi évident que chaque relation demeure un cas isolé, tout comme chaque individu est en soi un être unique. Même si, alors, j'avais lu quelques ouvrages, éclairant sur les pratiques sociales qui ont pour objet une communication interhumaine, je n'aurais pu, à défaut d'expérience, les appréhender que d'un point de vue intellectuel.
A cette époque, la situation me paraît simple. Je connais suffisamment le Tarot pour m'en servir et je m'inscris dès lors dans une situation professionnelle, puisque rémunérée. Or, si la bonne connaissance du Tarot, l'aptitude à l'utiliser m'apparaissent comme les garants essentiels d'un bon professionnalisme, toute la dimension relationnelle ne m'inquiète pas. Mais, au fur et à mesure de ma pratique, la difficulté à gérer la relation se fait de plus en plus sentir, et ceci, en partie, parce que la charge affective est trop lourde. L'interaction suit une construction spécifique, propre au milieu divinatoire. Elle ne s'élabore pas de manière graduelle mais passe, en un laps de temps très court, d'un comportement résistant et défensif à l'édification d'un sentiment de confiance. L'intensité affective réside dans la brutalité de ce passage.

Voilà comment s'établit une première consultation-type :
Le consultant entre, s'assoit et attend. Le premier contact est généralement difficile puisqu'il constitue une période-test. Le client doit avant tout s'assurer des capacités divinatoires du voyant. C'est pourquoi il ne parle pas, ne voulant dévoiler aucune partie de lui-même, ce qui faciliterait la tâche de son interlocu-

teur. A ce titre, on peut dire que les consultants font partie des sujets dont B. Grunberger dit qu'ils *« veulent être satisfaits sans avoir à formuler leurs désirs. S'ils sont obligés de le faire (le plus souvent, ils n'y arrivent pas), ces individus se sentent blessés, par le fait même de ne pas avoir été devinés, la frustration touchant avant tout leur narcissisme. »*[1] Aussi, le consultant se montre distant et réservé. Sa position est ambiguë puisque, d'une part, il se sent en droit d'exiger du fait qu'il va payer et, d'autre part, il est gêné, mal à l'aise. D'un côté, il espère et d'un autre, il redoute. Le fait qu'il soit en prise avec des sentiments contradictoires se manifeste sous la forme d'une certaine froideur, souvent même d'une certaine agressivité. C'est donc, au départ, durant les 10/15 premières minutes, un monologue où le rôle du voyant consiste à « faire ses preuves », mettant ainsi la personne en confiance. Il convient d'avoir un comportement généreux, sympathique et compréhensif, qui tend à réduire la distance entre le consultant et le voyant, et qui est à l'origine de bien des problèmes futurs. Une fois que le consultant est « rassuré », surtout sur le fait qu'il a eu raison de venir, le dialogue s'installe. A partir de là, la consultation prend un aspect différent : d'une relation d'étrangers, on passe à une relation d'intimes. Il n'y a, en fait, au terme de la consultation, que deux alternatives possibles, le « bon » voyant est adulé, le « mauvais » voyant est rejeté.

La voyance est un vaste domaine ; aussi, traitant de mon histoire personnelle, l'objet de ce mémoire se réduit, dans une certaine mesure, aux questionnements qui sont les miens. Seulement, il est impossible d'exclure la voyance, en tant que pratique individuelle, de son champ socioculturel. Il est nécessaire que je rattache mon expérience personnelle à l'ensemble de la profession – d'ailleurs, je ne peux faire autrement.

Ce que je ressens comme problématique dans l'exercice de mon travail est le décalage entre ce que je me proposais de faire initialement et ce que je fais – me vois obligée de faire –

1. B. Grunberger : *Le narcissisme*, p. 86.

actuellement. Mon projet originel était de permettre à une personne d'utiliser au mieux ses potentialités dans un moment donné, en clair une exploitation plus efficace d'un temps à vivre. Or, si cette volonté – utopiste, illusoire – a ambitionné mon travail, elle s'est rapidement révélée difficile, voire impossible, à réaliser. Ceci, parce qu'en me nommant tarologue-astrologue, je devenais, pour le public, un membre de la corporation des voyants. L'attribution de cette identité a eu pour effet d'empêcher la réalisation de mes dispositions. Ainsi, bien que proposant un certain type de service, l'appartenance à un statut uniformisé fait que je suis prise dans un piège, qui « m'oblige » à répondre à la demande d'une façon différente, opposée à celle que je désirais originellement. J'ai donc le sentiment d'être la victime – en même temps complice – d'un phénomène que je ne contrôle pas ; car, il s'agit bien ici de jouer, malgré moi, un rôle indésiré !

II. Formulation de ma problématique

« Le "pouvoir magique", voilà le mot qui évoque le mieux ma gêne : un pouvoir attaché à un personnage quelles que soient sa compétence et ses intentions véritables, un pouvoir venu d'ailleurs et automatiquement efficace à condition de prononcer les mots et de faire les gestes appropriés. »[1]

Il a été exposé précédemment ce qui correspond à la demande et à l'offre officielles. Or, dans l'échange manifeste, il semblerait qu'il n'y a pas de décalage mais, au contraire, complicité, accord fusionnel. Certes, d'un point de vue commercial, l'échange est satisfaisant pour l'une et l'autre partie. Dans le cadre de ma pratique individuelle, il en est de même ; en ce sens que j'ai toutes les raisons d'être satisfaite. Les consultants me témoignent en majorité de la sympathie et de la reconnaissance. La nature de ma démarche est d'ordre personnel et n'est pas en soi d'utilité pratique.

---

1. E. de Rosny : *Les yeux de ma chèvre*, p. 188.

Cependant, derrière le « tout marche bien », n'y aurait-il pas dysfonctionnement ? Derrière l'accord tacite, n'y aurait-il pas leurre et illusion ?

Le consultant crédite le voyant d'un pouvoir, qu'à son tour, le voyant revendique comme étant sien. Le marché passé pourrait s'énoncer ainsi :

– le consultant : « je veux croire que tu sais tout »

– le voyant : « tu peux croire que je sais tout »

Seulement, la part ludique d'un tel contrat est oubliée, « refoulée ». Le jeu est pris au sérieux, l'illusoire prend valeur de réalité.

« ... tout ce qui est magique est efficace, parce que l'attente de tout un groupe donne aux images ce que cette attente suscite, comme à celle qu'elle poursuit, une réalité hallucinante. Nous avons vu que dans certaines sociétés, le malade abandonné par le magicien meurt. Nous le voyons aussi guérir de confiance car tel est le confort que peut apporter une suggestion collective et traditionnelle. »[2] Marcel Mauss souligne avec clarté la puissance de ce jeu, l'investissement pulsionnel auquel il donne lieu ; la croyance est si forte que l'on ne sait plus où, qui et quand a commencé le jeu – plus encore, on oublie qu'il y a jeu. Comme le signifie René Kaës, dans cet espace de l'idéalisé, il n'y a pas de place pour le jeu[1].

C'est pourquoi, j'ai pu paraître corrosive lorsque j'ai évoqué la représentation fantasmée du voyant, mais cette réaction hostile traduit le désaccord que j'éprouve avec un tel mode de définition et de fonctionnement. Ce discours « idéaliste » est, il me semble, à l'origine de mon impossibilité de remplir le rôle dans les termes définis initialement. Face à l'absence de déontologie, le public souverain fixe ses règles (du jeu), pose ses conditions. Il désire le voyant à l'image du bon parent, gratifiant, tout puissant et infaillible ; ce dernier devant se plier aux exigeants idéaux de son

1. M. Mauss : *Sociologie et anthropologie*, p. 132.
2. R. Kaës : *Idéologie, études psychanalytiques*, p. 122.

enfant capricieux. Aussi le voyant oublie-t-il qu'il n'a pas toutes les qualités qu'on lui attribue si complaisamment.
Il se prend au jeu. Le jeu devient enjeu, parfois drame...
Car nul n'est infaillible et si les clients mécontents ne se manifestent pas, ils existent pourtant. Le piège se referme, impitoyable, sur ceux qui l'avaient actionné. L'heure de la désillusion sonne alors pour les déçus, tristes rescapés de la voyance. En fait, ce sont les consultants qui font les frais de la désillusion ; car le système est si judicieusement conçu que les voyants, eux, peuvent continuer à fonctionner, envers leurs « géniteurs », sur leur pouvoir illusoire.
Ainsi, la profession s'organise autour d'une représentation qu'elle veut à tout prix sauvegarder. Le voyant voit tout, point final. Parfois même, il peut tout ! Pas d'erreur, pas de limite, pas de faille ... Du côté des voyants, tout est mis en œuvre pour gérer la demande totale, pour satisfaire l'insatisfaisable. La machine, en tout cas, fonctionne bien, étant alimentée par la nécessité de croire des uns et par la nécessité de répondre à cette croyance des autres. Il n'y a pas non plus ici de place pour l'ambivalence.

La problématique étant posée, il s'avère nécessaire, pour la traiter, de recenser quels sont les différents fondements d'une telle situation. Ce qui équivaut à essayer de mettre en place un système explicatif de la croyance en une possibilité divinatoire.
En fait, que ce soient les consultants ou les voyants, le rapport à la divination est le même : la différence se situe plutôt au niveau de leur rôle respectif. Les voyants représentent les dépositaires d'un pouvoir que leur confère la jouissance de l'exercice divinatoire ; les consultants, eux, constituent les consommateurs, avides et passifs, initiateurs oubliés d'un jeu devenu réalité.

Chapitre 2 :
Étude de cas et commentaire

I. Monique

1. Première consultation

Monique vient me voir, pour la première fois, en Octobre 1986. Elle se trouve alors dans une situation sentimentale plutôt confuse. Elle est âgée de quarante-et-un ans, mariée depuis vingt ans et mère de deux filles de dix-sept et dix-neuf ans. Or, depuis deux ans, elle a une relation extraconjugale avec un homme qui travaille dans la même société qu'elle. Ils se sont donc connus sur leur lieu de travail. Elle est secrétaire, il est attaché commercial. Cette liaison a évolué au fil du temps, les sentiments s'affirmant de part et d'autre. Cependant, elle a aussi subi des perturbations, étant donné qu'ils sont tous les deux, chacun de son côté, attachés par les liens du mariage.

Lors de ce premier entretien, les choses en sont à ce point : l'ami de Monique, que nous nommerons Paul, envisage de divorcer ; elle, de son côté, souhaite quitter le domicile conjugal. Monique est venue dans l'intention de savoir comment pouvait évoluer la situation et quelle issue était possible. Or, chaque fois qu'une personne a recours à mes services, c'est généralement avec une demande cernée, qui ne m'est d'ailleurs pas toujours exprimée, mais aussi avec une attente et un espoir subjectifs. Dans le cas de Monique, sa demande est donc de connaître l'évolution de cette période mais surtout d'être rassurée quant à l'accomplissement de ses projets ; sous sa demande manifeste

(qu'est-ce qui va se passer ?) se dissimule un désir latent (allons-nous pouvoir vivre ensemble ?).
La consultation se déroule sur le mode de l'échange. Monique se montre active et participante, elle fait même preuve d'une grande prolixité. Le contenu de mes propos est à peu près celui-ci (je ne décris pas ce premier entretien dans ses détails puisque c'est, en fait, le deuxième qui fera l'objet de cette étude) :

- au niveau de cette relation, je vois une continuité avec, toutefois, des moments difficiles et une période de séparation sous l'initiative de Paul.
- au niveau professionnel, j'annonce un changement vers la fin de l'année 1986. Suite à une proposition extérieure, je la vois quitter son travail actuel pour prendre un poste dans une autre société avec un emploi et un salaire plus motivants.
- au niveau de Paul, je confirme sa décision de divorcer.

2. Deuxième consultation

Monique vient me voir, pour la deuxième fois, dans le courant du mois de Mars 1987, soit environ six mois plus tard. Elle me téléphone le matin vers 8h30 pour prendre un rendez-vous ce même matin. Etant disponible, je lui propose 11h00. Elle émet le désir de venir plus tôt auquel je réponds par la négative. Elle arrive à 10h20, soit exactement 40 minutes trop tôt. Devant mon étonnement, elle s'excuse de son avance. Je lui demande de bien vouloir revenir à l'heure fixée, que j'accepte les retards ou les avances de 15 minutes mais pas au-delà. Elle me fait alors sentir son mécontentement, me propose d'attendre ici, mais comme je reste sur ma position, elle repart.

Je fais, à ce stade, une parenthèse pour expliquer que, devant l'absence de cadre institutionnel, chaque professionnel se voit obligé d'en créer un. Je suis donc très rigoureuse, tant au niveau des horaires qu'au niveau de la durée de la consultation. M'étant heurtée au départ à des problèmes conséquents à une carence en structures (débordement des consultations, appels télépho-

niques répétés,...), j'ai appris, au fil de ma pratique, à être plus ferme, la rigueur étant ici le seul moyen de faire respecter les limites fixées. J'agis de même face aux problèmes des rendez-vous et ceci est, d'ailleurs, spécifié sur mes cartes professionnelles. Afin d'avoir une meilleure qualité de travail, chaque personne a, en principe, un temps de quarante-cinq minutes imparties, je m'aménage en plus un temps de récupération de quinze minutes ; les rendez-vous sont donc espacés au minimum d'une heure. Ainsi, lorsqu'une personne vient sans rendez-vous, je la refuse, même si à ce moment-là je suis disponible, car c'est en appliquant le principe à tous qu'il sera respecté par chacun. Je précise, cependant, qu'il peut y avoir des exceptions, celles-ci étant toujours justifiées. Dans le cas de Monique, sachant qu'elle habite à cinq minutes à pied de mon cabinet (elle me l'avait précisé au téléphone lors de sa prise de rendez-vous), son avance ne pouvait être que volontaire (elle n'avait pas l'excuse, par exemple, d'être partie trop tôt redoutant des troubles de la circulation), ce qui m'incitait d'autant plus à ne pas l'accepter.
A 11 h 00, Monique est revenue et nous avons alors pu commencer la consultation.
Inutile de dire que je ne me souviens pas d'elle, étant donné que je ne l'ai vue qu'une seule fois. C'est pourquoi je lui demande :

- Moi : « Est-ce la première fois que vous venez ? »
Monique : « Non, je suis déjà venue en Octobre... Justement, vous m'aviez dit des choses qui sont arrivées. Mais, en ce moment... Enfin, je vous dirai après... »

- Moi : « Est-ce qu'il y a des questions ou des problèmes que vous aimeriez aborder en particulier ? »

- Monique : « Non ».

Contrairement à la dernière fois, où elle avait fait preuve d'une grande vivacité, elle semble abattue, comme éteinte. Il est certain que, dans ce métier, la perception immédiate que nous avons des consultants joue un rôle révélateur : à savoir s'ils sont tristes, tendus ou au contraire, a priori décontractés, voire même gais.

Je commence donc à manipuler les tarots et entame le premier jeu, qui est particulièrement important. En effet, c'est lors de ce premier tirage que les éléments futurs se fixent. Il met en place les bases sur lesquelles se bâtira la consultation. C'est un temps d'approche, qui permet à la fois de prendre connaissance de la situation du sujet (vie familiale, travail, environnement) et de donner le ton. En ce sens, cette entrée en matière, que constitue ce jeu initial, est essentielle quant au déroulement de l'entretien ; il convient de parler là où le consultant l'attend.
Je vais m'efforcer de retranscrire les propos qui se sont tenus lors de cette consultation, mais cela ne peut se faire qu'en condensant les temps morts et les menus détails mobilisant trop de place dans le cadre de cette étude de cas.

• Moi : « Il me semble que vous êtes en ce moment dans une situation d'attente. Votre vie amoureuse traverse une phase difficile, qui a déjà commencé et qui risque de se poursuivre sur quelques mois encore. Du côté professionnel, les choses vont pour le mieux. Apparemment vous venez de changer de travail et des joies et des satisfactions sont à espérer de ce côté-là. »

Monique, pour l'instant, demeure enfermée dans son mutisme. Elle conserve son air accablé. Tout son corps semble participer à ce malaise intérieur ; ses mains tremblent, elle a les larmes aux yeux, elle bouge beaucoup et me regarde peu. Je ne fais rien pour l'inciter à parler, j'attends un moment plus propice. Je continue donc avec le deuxième jeu (au cours d'une consultation, j'utilise différentes sortes de tarots : au fur et à mesure, les données s'affinent et je peux dresser un profil de plus en plus précis, en cernant plus étroitement le cœur du problème originel à la démarche).

• Moi : « Il y a eu un départ... Est-ce que quelqu'un s'est éloigné de vous récemment ? »

• Monique : « Oui ».

• Moi : « Est-ce un homme auquel vous tenez particulièrement ? »

Monique me fait signe que c'est exact.

• Moi : « Disons que, de ce point de vue-là, jusqu'à la fin du mois d'Avril, il n'y aura pas d'évolution. Par contre, il est possible qu'il se manifeste à nouveau dans le courant du mois de Mai... Il y a aussi un autre homme qui apparaît dans votre vie... Vous venez de le quitter. C'est votre mari ? »

• Monique : « Oui, vous me l'aviez dit la dernière fois... »

• Moi : « Vous avez donc quitté votre mari ? »

• Monique : « Depuis trois mois... Mais, mon ami, est-ce qu'il va revenir ? »

• Moi : « Depuis combien de temps vous ne le voyez plus ? »

• Monique : « Depuis deux semaines ».

Elle me rappelle ici rapidement qu'elle a une relation avec cet homme (Paul) depuis deux ans. Il a entamé une procédure de divorce. Tout allait bien entre eux jusqu'à ce qu'il décide de ralentir la fréquence de leurs contacts. Il s'était auparavant plus ou moins installé avec elle, dans son nouvel appartement. Monique termine en réitérant sa question (est-ce qu'il va revenir?). Je lui fais comprendre, qu'à mon sens, il reviendra et donc que cette séparation constitue plus un éloignement qu'une rupture définitive.

A ce stade, je ne vais plus suivre l'organisation réelle de la consultation, puisque l'essentiel des propos s'est axé sur cet homme, sur son comportement et sur l'aboutissement de cette relation. Je l'aborderai donc plutôt au niveau de son contenu effectif.

Monique conserve son attitude figée et tendue. Chaque fois qu'elle s'exprime, c'est brièvement et avec un débit de voix tellement faible, qu'à plusieurs reprises je suis obligée de lui demander de répéter.

• Monique : « Est-ce qu'entre nous ce sera définitif ? »

Je lui réponds de ne jamais parler en terme de définitif car, selon moi, il est impossible, les individus, et donc la vie, étant en perpétuelle mouvance, d'anticiper à long terme. Cela, en outre, ne me semble pas souhaitable car une telle attitude supprimerait toute croyance dans le libre-arbitre individuel.

• Monique : « Mais, normalement vous devriez le savoir... Les voyants servent à cela ! »

• Moi : « Chacun travaille à sa manière. Le Tarot permet de prendre en considération les possibilités d'évolution d'une situation, en s'appuyant sur les données passées ou actuelles. Pour de bons résultats, des résultats fiables, il est nécessaire de se limiter dans le temps, sur une période de six mois environ. »

• Monique : « Oui, d'accord, mais dites-moi au moins si nous allons vivre ensemble ? »

• Moi : « Il est difficile de le savoir actuellement car, de toute façon, les choses ne se feront qu'avec du temps. Tout n'est pas encore joué. Il y a un point positif, c'est que, de part et d'autre, il y a des sentiments. Cette réciprocité est la base sur laquelle se fonde une vie de couple. Mais au-delà de l'affection que vous vous portez, il existe une réalité, ou plutôt des réalités. La vôtre, c'est que vous venez de quitter votre mari, dans le but de vous rendre libre. Il y a donc un impératif de votre côté : vous avez donné, en partant du domicile conjugal, et vous voulez recevoir. Celle de votre ami, sa réalité, c'est qu'il a entrepris une procédure de divorce, mais qu'il ne s'est pas encore complètement engagé vis-à-vis de vous. »

• Monique : « Tout cela ne me dit pas si nous allons, oui ou non, vivre ensemble... »

• Moi : « A mon avis, vous allez trop vite. Vous traitez en terme d'urgence une situation qui ne peut évoluer que lentement. De votre point de vue, la situation est claire : vous l'aimez et vous voulez vivre avec lui. Il n'existe donc aucune difficulté et, si difficulté il y a, c'est qu'il ne vous aime pas. »

• Monique : « Mais est-ce qu'il m'aime ? Pourquoi est-ce qu'il est parti ? »

Ses questions libèrent des larmes longtemps contenues.

• Moi : « Je comprends votre désarroi. Si, actuellement, il ne veut pas vivre avec vous, vous mettez ce refus sur le compte d'une absence d'amour à votre égard, ce qui n'est pas forcément le cas. C'est un être qui pense ou qui ne réagit pas nécessairement comme vous. Il a peut-être besoin de réfléchir, de prendre du recul, de s'isoler, sans que cela remette en question les sentiments qu'il vous porte. Il est, de plus, en plein divorce, en position de rupture, il ressent sans doute la nécessité de faire le point, avant de s'engager à nouveau dans une vie de couple. Il est donc tout à fait possible, et probable à mon sens, que vous puissiez vivre ensemble, mais cela exigera un certain délai. »

• Monique : « Je vais quand même le revoir ; enfin, ce n'est pas fini ? »
Sa tension s'est apaisée, elle est beaucoup plus calme et détendue.

• Moi : « Sur ce point, je vous donne une réponse affirmative ! »

• Monique : « Est-ce que je vais déménager ? »

• Moi : « Non, enfin tout du moins pas pour l'instant. Pourquoi, vous voulez repartir ? »

• Monique : « Oui ».

• Moi : « Mais, pour quelles raisons ? »

• Monique : « Le loyer est trop élevé. »

Après m'être renseignée sur le montant du loyer qu'elle paye, je lui fais comprendre qu'il serait certainement préférable qu'elle reste, étant donné qu'il semble difficile de trouver moins cher.
Monique : « Oh, et puis, il y a trop de souvenirs... D'accord, ça fait seulement trois mois que j'ai cet appartement, mais nous avons quand même vécu un mois dedans Paul et moi... Je préfère partir. »

• Moi : « Je pense que ce serait vous créer des soucis supplémentaires. Vous êtes en période de changement, vous ressentez la confusion et l'incertitude qui règnent actuellement dans votre vie. Si vous choisissez, puisque finalement ici c'est plus une question de choix que de fatalité, de faire quelque chose avec Paul, il faut en mesurer les risques et en accepter les conditions. Comme je vous l'ai déjà dit à plusieurs reprises, je vois une évolution de cette relation dans le sens où vous l'espérez, mais cela exigera du temps et beaucoup de patience. S'il y a des traces de lui, et si elles vous sont douloureuses, ce n'est pas en changeant de logement que vous résoudrez le problème. Un nouveau déménagement n'est, de ce fait, pas une solution. »

Monique : « Oui, vous avez raison... C'est vrai, maintenant que j'y pense, ça ne servirait à rien. Mais c'est tellement important qu'il revienne. Vous comprenez à mon âge, je ne veux pas me tromper. Si vous pensez qu'il ne va pas revenir, il faut me le dire... Car, si rien n'est possible avec lui, je retournerai chez mon mari. »

L'échange s'est poursuivi, Monique m'exposant d'autres pré-occupations et me soumettant d'autres questions. Est-ce qu'il va revenir ? Vais-je divorcer ? Est-ce que je dois retourner vivre avec mon mari ? Et mes filles ? Suite d'interrogations auxquelles j'essayais de ne pas donner de réponses trop catégoriques.

L'entretien s'éternise. Le temps de consultation étant depuis quelques minutes dépassé, je fais comprendre à Monique qu'il est temps de partir. Seulement, elle n'en a pas envie. Elle s'emploie à gagner du temps et à m'en prendre. Classiquement, les consultants ont tous la même attitude quand ils refusent l'échéance de la séance ; ils redoublent de questions, pensent soudainement à des choses qui n'avaient jusqu'alors pas été abordées. Ainsi que le dit Georges de Bellerive : *« Quand la consultation est terminée, ils s'accrochent... sortent des photos de famille : Ah, j'avais oublié de parler de ma cousine... tenez, voilà la photo de mon fils... et ils recommencent pour que j'en dise davantage... jusqu'à épuisement... C'est épouvantable, ce sont des insatiables. »*[1]

Chacun use de ruses plus ou moins efficaces : les uns

1. G. de Bellerive in *Un voyant dans la ville*, sous la direction de F. Laplantine.

m'accaparent de questions, les autres farfouillent leur sac à la recherche d'un porte-monnaie ou d'un stylo qu'ils mettent un zèle infini à ne pas trouver, d'autres encore s'emploient à battre le record de lenteur d'établissement d'un chèque. En général, il advient d'être ferme pour clore la consultation.

3. Analyse

J'ai choisi, tout à fait arbitrairement il est vrai, d'exposer cette consultation pour étude de cas. Ceci parce qu'elle me semble représentative de l'ensemble des consultations. Ce n'est pas un cas particulier, bien au contraire. Elle permet d'avoir un large éventail des problèmes auxquels je me trouve quotidiennement confrontée dans ma pratique et qui m'ont amenée à entreprendre une démarche universitaire.

Monique se trouve en situation de crise. Elle a quarante-et-un ans, âge, comme elle le dit, où elle se donne le droit de repartir, de tourner une page, de recommencer mais où elle ne se donne pas le droit à l'erreur. Son désir peut schématiquement se poser ainsi : je n'aime plus mon mari, je veux vivre avec Paul mais si Paul ne veut pas de moi, je pourrais retourner vers mon mari, l'essentiel étant que je ne demeure pas seule. Au stade verbal, les choses sont donc simples, précises et concises. Au niveau réel, il en va différemment. En fait, elle ne supporte pas de contradictions à ses plans. Pour elle, le déroulement était raisonné et pensé par avance ; or, elle se trouve face à des imprévus, à des oppositions et à des obstacles auxquels elle ne peut pas répondre, étant donné qu'elle les rejette et les considère comme des limitations. Elle se retrouve, par conséquent, dans une situation qu'elle n'avait ni prévue, ni désirée, et dont elle veut sortir au plus vite. Mais, l'issue doit correspondre à ses souhaits, doit être conforme à ses désirs. Il n'est pas question d'abdiquer, de tout quitter ou de tout perdre. A cet effet, elle préserve à la fois la relation avec Paul, en l'attendant, et celle avec son mari, en conservant des rapports avec lui, même si elle a quitté le domicile conjugal. Elle se refuse donc à agir puisqu'elle n'aurait alors plus de solution de repli. Dans le même temps, elle n'accepte pas une forme de passivité qui serait de se donner du temps, d'attendre que la situation évolue d'elle-même.

Monique est dans un entre-deux, entre un passé certain et un avenir hypothétique, entre un mari connu et rassurant, un amant aimé mais imprévisible. Or, cette situation de crise est perçue douloureusement. Parce qu'elle souffre d'absence, d'incertitude, et de doute, il lui faut trouver une issue. Ainsi que le dit René Kaës : *« Aussi la recherche de solutions radicales ou fondamentales s'impose-t-elle au fur et à mesure que la crise s'approfondit et perdure. »*[1] Il y a donc urgence. Il lui faut être rassurée. Elle vient me consulter dans un but bien précis, qui est, au-delà de connaître son avenir, l'allégement de sa douleur.

Elle a besoin de pouvoir parler. Bien sûr, elle pourrait se confier à un tiers, à sa mère, à une amie, à un collègue, mais leur réponse, leur conseil, leur avis n'auraient sur elle qu'une crédibilité éphémère. Le pouvoir des mots est aussi dans la personne qui les prononce. Ce qu'explique, en ces termes, P. Bourdieu : *« La plupart des conditions qui doivent être remplies pour qu'un énoncé performatif réussisse se réduisent à l'adéquation du locuteur – ou, mieux, de sa fonction sociale – et du discours qu'il prononce : un énoncé performatif est voué à l'échec toutes les fois qu'il n'est pas prononcé par une personne ayant le "pouvoir" de le prononcer. »*[2] En s'adressant à un voyant, Monique compte repartir avec des certitudes et non plus avec ses doutes. Le voyant est celui qui sait tout, voit tout, prévoit tout. Elle ne vient donc pas dans un souci d'objectivité mais avec une attente inconditionnelle et subjective. L'action, chez elle, ne peut se faire qu'à un niveau symbolique.

« La recherche de solution peut prendre des aspects magiques, mythiques ou rituels. »[3] Il est certain, qu'en accréditant les dires du voyant, elle se contente de solutions bien fragiles et bien précaires, vu la relativité et la faillibilité de l'acte divinatoire. Or,

1. R. Kaës : *Crise, rupture et dépassement*, p. 19.
2. P. Bourdieu : *Ce que parler veut dire*, p. 109.
3. R. Kaës, *idem*, p. 20.

ce qui importe, et ce qui donne cette puissance à mes propos, c'est justement ce qu'elle y met dedans. Les prévisions du voyant auront sur elle le même effet que le diagnostic du médecin pour un hypocondriaque. Dans l'un ou l'autre cas, si le voyant ou le médecin répond directement et avantageusement aux désirs du consultant ou du malade, il bénéficiera de toute la confiance et de toute la reconnaissance de ces derniers, si, à l'inverse, il ne répond pas à l'attente exprimée, il se verra déconsidéré et discrédité.

Monique recherche une gratification spontanée, une approbation totale (tout ou rien) et immédiate (tout, tout de suite). Elle *« ne veut, ni ne peut se satisfaire de compromis ce qui signifierait une soumission à la réalité et un renoncement à la toute-puissance narcissique. »*[1] Or, justement, c'est parce qu'elle ne tolère pas l'écart différentiel entre son désir et la réalité qu'elle vient me voir. Comme l'exprime Béla Grunberger, elle investit de toute sa libido son désir même[2]. Pour elle, le pont entre le désir et sa réalisation est illusoire et hallucinatoire. Le fait de pouvoir en parler est déjà le satisfaire puisque c'est le reconnaître, l'instituer, lui donner une existence propre.

La question se pose de savoir ce que je peux réellement lui offrir. Certes, la séance représente un espace-temps dans lequel peut s'élaborer un temps de parole et un temps d'écoute. Monique peut déjà soulager son désarroi, exorciser son angoisse, dire sa douleur ; maux sur lesquels je peux passer un baume adoucissant et réparateur. Mais je ne peux lui enlever ses doutes puisque je me refuse à lui apporter les réponses radicales aux fondamentales questions qu'elle me pose. Elle me place, d'ailleurs, en situation difficile. L'insistance avec laquelle elle réitère ses interrogations, m'oblige insidieusement à sortir de mes réserves. En fait, par souci de la rassurer, par volonté d'être claire, je finis par être beaucoup plus affirmative et catégorique dans mes réponses. Ce « système » est employé par quasiment tous les consultants qui parviennent, par force ou par usure, à soutirer au voyant des « oui » ou des « non » de moins en moins

1. B. Grunberger : *Le narcissisme*, p. 160.
2. *Idem*, p. 128.

timides. De plus, Monique me pose comme responsable de ses propres décisions et initiatives. Grâce au « j'agirai selon ce que vous me direz », elle se décharge de l'obligation de faire des choix et de l'engagement personnel dans l'action.
Il est vrai que je perçois une amélioration dans sa relation amoureuse avec Paul, sans pouvoir lui affirmer, pour autant, qu'ils vivront ensemble et encore moins que cette union sera définitive. Je joue donc un double rôle : celui de la bonne mère gratifiante puisque j'apaise ses tensions, et celui de la mauvaise mère frustratrice puisque je la laisse dans l'expectative et donc dans l'angoisse. En fait, ce que je m'efforce de faire, c'est de lui donner des éléments qui lui permettent de penser, d'analyser et d'agir sa situation différemment.
Effectivement, elle vit et elle perçoit affectivement ce qui demanderait, à certains niveaux, d'être envisagé d'un point de vue intellectuel.
C'est certainement la raison pour laquelle elle souffre tellement. Elle perçoit le comportement de Paul sur un mode paranoïde. Tout ce qu'il fait, tout ce qu'il est, se rapporte forcément à elle. Elle ne peut ni comprendre, ni admettre, qu'il ait d'autres préoccupations, d'autres centres d'intérêt, d'autres désirs dont elle ne serait pas l'objet. Aussi, elle est blessée narcissiquement. Et la consultation peut justement lui permettre d'accéder à la secondarisation, c'est-à-dire de mentaliser cette situation. Il m'appartient donc de donner du sens à ce qu'elle vit. Comme pour les autres consultants, il s'agit de lui insuffler l'espoir qui lui manque, la confiance qui lui fait défaut et la capacité d'accepter sa réalité. En anticipant son actualité, elle accède à d'autres repères spatio-temporels, l'avantage de la prédiction étant avant tout dans sa transcendance et dans son dépassement d'un présent enfermant et étouffant.
Monique, après cette séance, est revenue à la fréquence d'une consultation toutes les semaines, et ceci pendant deux mois. En effet, vers la fin du mois de Mai, Paul s'est à nouveau manifesté dans son existence. Durant ce laps de temps, ma présence lui a permis de supporter l'attente, sans recourir à des actes trop hâtifs ou à des décisions impulsives et donc souvent regrettées. Elle a ainsi pu accepter, et surtout comprendre, l'absence de son

ami et la précarité de sa situation. Chaque semaine, elle arrivait désespérée et elle repartait plus sereine. Le recours était stimulant. Lorsque Paul est revenu, elle a cessé de me consulter régulièrement ; les pulsions, qu'elle avait temporairement investies au niveau de ma personne, pouvaient dès lors retourner à leur objet initial.

Maintenant, elle vient environ tous les trois mois et elle me voue une admiration sans borne et une gratitude totale. Cependant, de mon côté, je me montre plus réservée sur mes compétences. En effet, et si les événements m'avaient donné tort, si Paul n'était pas revenu, mon attitude aurait alors encouragé et alimenté de dangereuses illusions. Dans ma pratique, je n'oublie jamais de telles éventualités. Je ne me leurre pas et je sais, même s'il n'y a que quelques consultants qui me l'ont fait durement remarquer, que je suis faillible et que la voyance consiste en un jeu risqué. Certainement que ceux que j'ai déçus se comptent par dizaines mais, le plus souvent, ils ne reviennent pas exprimer leur mécontentement. Ici, j'ai sans doute, comme elle me l'assure, beaucoup aidé Monique mais, si la réalité avait démenti mes dires, je lui aurais beaucoup nui. Dans ma problématique, j'expose les mobiles qui m'ont incitée à faire une démarche au niveau d'une recherche universitaire, ce risque permanent en fait partie intégrante.

II. Hélène

1. Exposé

Hélène est une femme dynamique de vingt-huit ans. Elle est commerçante, installée à son compte depuis deux ans. Elle est venue plusieurs fois me consulter (une dizaine de fois), toujours satisfaite semblait-il. La dernière fois qu'elle est venue, les choses se sont passées fort différemment. Elle est arrivée en retard d'une heure. Je l'ai acceptée quand même en consultation, en la faisant passer après un autre consultant.

Elle entre dans mon cabinet et je la perçois immédiatement très tendue et impatiente. Divers signes confirment mon impression spontanée: elle s'installe mal, joue avec ses clefs et ne se déshabille pas. Me souvenant l'avoir déjà vue, je prends de ses nouvelles. Or, ma question, destinée à détendre l'atmosphère, demeure sans réponse. Elle ne semble pas vouloir discuter et reste très évasive. Ma position la concernant est ambiguë puisque d'une part, je me souviens l'avoir déjà rencontrée et d'autre part, mes souvenirs sont trop flous pour me permettre de me remémorer précisément son histoire. En effet, face à la multiplicité des situations rencontrées, il m'est souvent difficile (même lorsqu'une personne s'est adressée à moi à plusieurs reprises comme dans ce cas) de me rappeler exactement l'histoire individuelle de chacun.

La consultation s'établit donc d'emblée dans un climat froid, distant et quasi-agressif. J'aborde l'ensemble de la vie d'Hélène : sa situation sentimentale, professionnelle, financière, sa santé... Ceci se résume par une période de six mois calme. Des difficultés peuvent se présenter au niveau économique. J'évoque également une relation sentimentale confuse qui évolue vers une rupture. Le contenu de mes propos va, en fait, dans le sens d'une continuité de ce qui fait l'actualité de sa vie, avec un ralentissement sous-jacent qui crée une sorte de blocage, une impossibilité d'évoluer.

Je parle donc seule, essayant à plusieurs reprises de la faire participer, mais en vain. L'attitude d'Hélène demeure inchangée. Froideur, impatience et nervosité se font même de plus en plus sentir. Elle s'emploie à manipuler ses clefs comme si elle attendait quelque chose, ou plutôt, comme si elle s'apprêtait à partir.

Elle semble pressée...

Le temps d'une consultation peut varier de 20 à 45 minutes, l'écart se justifiant par la durée de la conversation s'établissant entre le consultant et moi-même[1]. De ce fait, lorsqu'il n'y a pas de discussion, l'entretien est d'autant plus court que mon temps de

1. Dans 90% des cas, la consultation dure 45 minutes.

parole est à peu près toujours le même. Je me retrouvais donc ici, au bout de 20 minutes, n'ayant plus rien à dire. Procédant comme à l'accoutumée, je demande à Hélène si elle désire approfondir certains points ou poser quelques questions, et voilà ce qui suit :

• Hélène : « Non, combien je vous dois ? »

Sa question est formulée sur un ton ferme, ne laissant place à aucune réplique.
Après lui avoir signalé le montant de la consultation, elle s'acquitte du prix, sans se lever pourtant et n'ayant apparemment pas envie de sortir.

• Hélène : « Je suis venue vous voir plusieurs fois mais aujourd'hui, je ne suis vraiment pas contente... Vous n'avez pas été bonne. »

• Moi : « Je ne comprends pas... Expliquez-vous. Que reprochez-vous à mon travail ? »

• Hélène : « Vous ne m'avez rien dit et vous étiez pressée. Vous ne m'avez gardé que 20 minutes. »

• Moi : « Il m'a plutôt semblé que c'est vous-même qui étiez pressée. Je vous ai demandé si vous souhaitiez continuer l'entretien et vous avez préféré y mettre un terme. J'ai pour habitude de garder longtemps les consultants j'entends par rapport aux autres professionnels – et je n'ai pas eu l'intention de faire exception pour vous. Mais, n'ayant plus rien à vous dire, si vous ne participez pas, il est difficile de poursuivre ou alors en répétant ce que j'ai déjà dit. »

• Hélène : « Oh... je pense que vous n'aviez pas envie de me prendre, ce que je comprends d'ailleurs fort bien. Dans votre métier, comme de partout, on n'a pas toujours envie de travailler. J'ai l'impression d'être venue pour rien. Vous ne m'avez rien dit... Je suis déçue. »

• Moi : « Je ne conteste pas le fait que vous soyez mécontente car il peut m'arriver de ne pas satisfaire les gens. Par contre, je m'efforce de faire au mieux mon travail, en étant disponible et attentive à toutes les demandes. Je vise donc une certaine qualité de travail que j'ai respectée autant pour vous que pour les autres. Mais, si tel n'est pas votre sentiment, j'aimerais que vous m'en expliquiez la raison. »

• Hélène : « Je ne dis pas que vous faites du mauvais travail. Au contraire, je suis venue plusieurs fois et j'ai toujours été contente mais aujourd'hui, vous m'avez bâclée... Vous ne m'avez rien dit. »

• Moi : « Je vous ai dit ce qu'il en était, d'après la lecture du Tarot, de votre situation. Je n'ai peut-être pas dit des choses bien importantes ou bien exceptionnelles mais je ne vais quand même pas inventer des événements pour vous faire plaisir ou pour vous donner l'illusion que je dis quelque chose. »

• Hélène : « Mais, il n'est pas question que vous inventiez ! Je suis allée voir une autre voyante et elle m'a dit des choses importantes... Elle m'a dit que j'aurais une très grosse rentrée d'argent... Et, en plus, vous ne m'avez même pas reconnue alors que je suis venue souvent... »

• Moi : « Ce n'est pas parce qu'une voyante vous a annoncé certains faits, que je dois le faire moi aussi... »

Ici, elle m'interrompt brutalement en me coupant la parole.

• Hélène : « Oh, de toute façon, ce n'est pas la peine de discuter. Je ne suis pas contente. Vous avez été mauvaise et je ne vous ferai pas de publicité. »

La conversation s'est terminée ici, vu qu'Hélène est partie brutalement en claquant la porte.

2. Analyse

2.1. Un constat d'échec

Cette étude de cas porte sur la réaction provoquée par la consultation et non pas sur la consultation elle-même. Elle permet d'envisager la perception, la résonance et le retentissement que produit un entretien de ce type. La difficulté, ici, provient de l'ignorance de l'avant de l'interaction, de ce qui a suscité le recours : les mobiles, motifs et motivations demeurant inconnus puisque non formulés au cours de l'entretien. Ils ne peuvent donc qu'être déduits, mais ceci avec beaucoup de prudence, par mesure de précaution contre d'éventuelles erreurs et de fausses interprétations.

De ce fait, l'analyse ne pourra qu'être réduite au pendant de la consultation, en faisant abstraction de ce qui l'a précédée. Pour ma part, j'ai d'emblée, et volontairement, limité l'étude aux suites de la séance et à ses conséquences, en ne la retranscrivant pas dans sa totalité. Ceci ne constitue pas une omission ou un oubli mais un choix personnel, qui peut trouver explication à deux niveaux.

- Premièrement, il n'y a pas eu échange mais monologue : l'émetteur et le récepteur, tout du moins au niveau verbal, demeurant fixes et ne s'alternant pas comme l'exige tout dialogue. Hélène a, toutefois, émis, plus ou moins consciemment, des messages non-verbaux, sorte de langage codé, formé par des actes répétitifs, comportements compulsifs et fermeture sur l'objet.
- Deuxièmement, le monologue était réductible puisque peu d'éléments notoires l'ont alimenté. Je l'ai donc résumé à son essentiel car il aurait été ennuyeux pour le lecteur et, semble-t-il, inutile à la compréhension de la situation, de type conflictuel, conséquente à la consultation.

D'autre part, cette impression de vide, que peut ressentir l'observateur extérieur à la scène, est sans doute la même que celle perçue par Hélène. Il est vrai que la consultation était vide : vide de parole, vide de sens et vide d'écoute.

Il advient donc que manifestement la relation a échoué, c'est-à-dire que, d'un point de vue économique, le contrat sur lequel repose tout échange n'a pas été rempli. En effet, le principe commercial consiste en un échange où les lois de l'offre et de la demande, fondées sur des valeurs respectives, font qu'il y a accord tacite entre les deux parties. Ainsi donc, lorsque commercialement l'une ou l'autre partie est insatisfaite, c'est qu'il y a eu, à un moment donné, non respect du pacte fixé. Il en est de l'échange de marchandises comme de l'échange de services. Or, il est plus facile, lorsqu'il y a dilemme et désaccord, de savoir ce qui est cause de mécontentement, quand l'échange porte sur quelque chose de tangible, sur un produit qui contient en lui la preuve de la transgression du contrat: cela peut être soit un problème de dysfonctionnement du dit produit, soit une tromperie sur les qualités de la marchandise, par exemple. La contestation demeure vérifiable, de manière objective, puisqu'elle porte sur un objet concret. Par contre, dans l'échange de services, le contenu étant constitué généralement, et spécifiquement en matière d'occultisme, par la relation elle-même, il devient alors extrêmement difficile de trouver objectivement l'origine du dilemme. Le constat consiste trop souvent en un jugement subjectif.

D'un point de vue économique, le voyant est rémunéré d'un prix X ou Y, fixé par lui-même, en échange d'une consultation, c'est-à-dire d'un temps et d'un contenu. Le temps est variable et rarement matière à contestation. Le contenu, lui, est fonction de la demande: s'il y a confusion, on attendra un éclaircissement; s'il y a doute, on attendra des certitudes; s'il y a désespoir, on attendra du réconfort. Il paraît donc possible d'établir une constante articulée sur le système question/réponse, problème/solution. Selon ce schéma, la consultation « réussie » serait la réponse apportée à la question, la solution du problème, l'accomplissement du désir et la consultation « ratée » correspondrait au phénomène inverse.

Hélène n'a pas été satisfaite, et moi-même j'ai été insatisfaite de son insatisfaction. Il arrive fréquemment que des personnes s'adressent au voyant dans le but de s'entendre dire ce qu'elles désirent. La plupart du temps, elles ne demandent pas explicitement ce qu'elles attendent de la consultation, à savoir être rassurées sur l'issue de situations problématiques ou quant à l'aboutissement d'un projet. Elles souhaitent qu'on les devine, survivance certaine d'un sentiment de toute-puissance infantile (si tu m'aimes, tu devrais savoir). C'est pourquoi elles se contentent dans un premier temps d'une attitude de laisser faire, en restant juste à l'écoute de ce qui leur est dit. Si le discours du voyant va dans le sens de leurs désirs (ce qui peut arriver), elles participent activement, en alimentant la conversation d'approbations, de commentaires divers ou de menus détails. Elles repartiront alors satisfaites et convaincues de la compétence du voyant. Si, à l'inverse, le discours du voyant va à l'encontre de ce qui est attendu (ce qui peut également arriver), le comportement se modifie. Plusieurs attitudes sont de rigueur ; soit, le consultant induit le voyant sur la voie qu'il souhaite lui voir prendre, en usant de « on m'a dit », « il me semble que... », « j'ai l'impression que... » ; soit, il se ferme, préférant ne pas tenir compte des propos du voyant et attendant impatiemment que la consultation parvienne à son terme pour pouvoir s'en aller ; soit encore, il parle à la place du voyant, se substituant en quelque sorte à son rôle, et il raconte lui-même sa propre histoire réelle ou imaginaire.

Hélène a manifesté dès le départ une attitude ambivalente avec d'une part, la nécessité de « savoir », transparaissant dans sa démarche même, et d'autre part, la crainte de ne pas être exaucée ; la preuve étant qu'elle ne s'est pas installée. Ainsi, en ne s'investissant pas, en ne participant pas, en adoptant une attitude passive, elle se préservait de ce qui se disait, elle se défendait contre cela même qu'elle était venue chercher. Protection d'autant plus difficile, on le verra, que la relation était fortement chargée affectivement.

Afin de sortir des guerres partisanes qui font que l'un dit : « vous êtes mauvaise » et que l'autre répond : « c'est de votre faute », il convient de chercher des explications moins subjectives. Naturellement, dans le cadre de ce mémoire, c'est à une lecture psychanalytique de cette situation que je me réfèrerais. Ceci nécessite le pointage des différents facteurs mis en jeu.

2.2. Des points de repère

1) Hélène est arrivée en retard d'une heure à son rendez-vous et elle avait auparavant annulé par deux fois deux rendez-vous. Ce retard semble constituer ici un acte manqué qui peut prendre sens à deux niveaux : d'une part, en l'apparentant

aux propos de René Kaës qui explique que : *« ... les retards peuvent prendre sens par rapport au transfert sur le cadre dont il s'agit d'éprouver la solidité. »*[1] ; d'autre part, comme l'ambivalence témoignée dans la démarche avec désir de venir et angoisse de ce qui va résulter. Ainsi, son retard et les reports de rendez-vous peuvent être compris comme des tentatives de remise en cause, d'attaque, voire de destruction envers l'objet et comme révélateurs des hésitations engendrées par la peur d'être déçue, dépréciée ou rejetée.

2) Elle se présente comme peu disposée et peu disponible à l'entretien, attitude qui se traduit par divers signes. Premièrement, le fait de ne pas se dévêtir révèle un refus de s'installer dans le temps et dans l'espace de la consultation. Deuxièmement, la manipulation incessante de ses clefs, actes répétitifs, démontre une nervosité, une tension intérieure et une inquiétude de moins en moins refoulées. Elle est également mal assise, au bord de sa chaise, dans une position précaire et inconfortable.

3) Sa passivité par rapport à l'entretien est très fortement marquée par un silence total qui n'est levé qu'au moment où elle s'avise du coût de la consultation – point de départ de l'échange final. En fait, durant la totalité de l'entretien, elle porte toute son attention sur son trousseau de clefs, qui joue ici le rôle de dérivatif lui permettant de s'isoler, tout en conférant à la consultation un caractère ludique.

Ainsi, Hélène semble tout mettre en œuvre pour faire échouer la consultation. Pourtant, si tel était son désir, on peut être étonné des reproches qu'elle formule à l'égard de mon travail et de ma personne puisque les deux sont ici fondamentalement liés. Alors qu'en est-il de ces critiques et sur quel mode sont-elles exprimées ?

a) Celles qui portent sur le contenu : elle me reproche, dans un premier temps, de ne rien lui avoir dit et, dans un deuxième

1. R. Kaës : *Crise, rupture et dépassement*, p. 66.

temps, elle me suggère plus précisément que je ne lui ai pas confirmé ce qu'une autre voyante lui avait révélé.

b) Celles qui portent sur ma personne : ici, les critiques consistent en attaques personnelles. Elles sont directes et agressives, mais radoucies par une générosité feinte ou réelle : excuses, compréhension, voire compassion. Elle se fonde sur le modèle projectif classique. *« La projection joue à tout moment dans la vie psychique, soit dans les phénomènes non pathologiques (superstition, mythologiques, animisme), soit dans la cure ("vous allez me dire que ..." constitue la classique projection du patient, aussitôt suivie d'un mouvement de négation : "mais ce n'est pas vrai"). »*[1]

Elle me prête ainsi ses propres sentiments ou attitudes, en les faisant miens :

- projection : « vous étiez pressée » , « vous n'aviez pas envie de me prendre » , « vous ne m'avez rien dit » , alors qu'en fait, c'est elle qui a donné le rythme à la consultation, qui n'avait pas envie de venir (retard) et qui ne m'a rien dit (mutisme).
- négation : « je pense que vous n'aviez pas envie de me prendre » (premier temps), « ce que je comprends d'ailleurs fort bien » (deuxième temps).

2.3. Synthèse

Il est possible maintenant, après avoir dégagé les lignes générales, de synthétiser ces différentes données en vue d'une analyse plus approfondie. Afin d'obtenir une cohérence, il convient de trouver le point d'ancrage, originel au conflit et explicatif de la situation dans son ensemble. Ce qui me semble pouvoir se situer comme tel est l'intervention d'un tiers dans une relation duelle, qui se manifeste, dans les propos d'Hélène, de la manière suivante : « je suis allée voir une autre voyante ».
Les faits montrent qu'Hélène est venue me consulter à plusieurs reprises, à des moments capitaux de son existence (achat de

1. J. Bergeret : *Psychologie pathologique*, p. 92.

son commerce, divorce) et ceci de manière régulière. La relation faisait donc l'objet d'un suivi, avec tout ce que cela suppose de liens et d'attachement. Le résultat des dix consultations précédentes avait été pour elle, et d'après ses dires, probant et satisfaisant. Elle m'avait, de ce fait, accordé sa confiance et son affection. J'étais pour elle la bonne mère, celle qui nourrit et qui apaise, celle qui aime et qui protège.

Or, dans un contexte X, elle s'adresse un jour à une autre voyante, qui lui révèle un événement aussi singulier que gratifiant : une grosse rentrée d'argent. Indépendamment de cette nouvelle (importante semble-t-il puisqu'elle revient dans les propos d'Hélène), la nature et la qualité de la relation a joué en tant qu'interaction constituante et constitutive de liens érotiques. De ce fait, il est permis de supposer que, en conséquence de cette relation, Hélène se retrouve en présence d'une nouvelle mère ou plutôt d'une « nouvelle bonne mère ». Il en résulte l'impossibilité d'avoir deux « bonnes mères », c'est-à-dire deux pôles identificatoires, et la nécessité de supprimer l'une d'entre elles, en la projetant, en l'expulsant au dehors comme étant la mauvaise mère.

D'autre part, en ce qui concerne la relation instaurée lors d'une consultation, je l'ai déjà signalé antérieurement, la charge affective peut être très forte. D'autant plus si, comme dans ce cas, il y a répétition de la démarche, c'est-à-dire suivi. C'est une relation archaïque qui se met en place, en tout ou rien, dans laquelle la mère (le voyant) ne peut être intériorisée comme étant à la fois bonne ou mauvaise. Elle est idéalisée ou focalisée, ce qui n'empêche pas l'acceptation de la séparation ou de l'absence avec capacité à halluciner l'objet – comme dans ce cas où Hélène est venue plusieurs fois et de manière régulière, en supportant les périodes intermédiaires sans aucune difficulté[1] : pas d'appels téléphoniques, fréquence des consultations raisonnable environ tous les trois mois.

Si l'on poursuit cette hypothèse, beaucoup d'éléments jusqu'ici incohérents se révèlent compréhensibles. En effet, son recours

1. A la différence de Nicole (voir étude de cas page 101)

apparaît maintenant dans un contexte particulier, envisageable sans une historicité précise. Ce n'est plus une démarche classique – aller voir un voyant mais une confrontation. C'est pourquoi elle hésite, reporte, pour finir par venir mais en retard, désireuse de m'éprouver. Elle fait, à ce moment-là, l'expérience de l'ambivalence. Elle intériorise alors la mère comme étant encore bonne, puisque le lien érotique est toujours existant, et mauvaise, puisqu'elle a commencé à se désinvestir. Elle est là, présence physique, mais aussi ailleurs, absence psychique. Dans cette optique, le fait de rester habillée révèle un refus de se mettre à nu : elle refuse d'être vue, que je la vois alors que, paradoxalement, elle est venue pour cela. De même, l'objet qu'elle manipule peut prendre sens au même niveau : ce sont des clefs qui peuvent aussi bien servir à l'ouverture qu'à la fermeture.

Donc, on le constate, au moment où elle vient, Hélène est aux prises avec des sentiments contradictoires : amour/haine, attraction/répulsion. La césure, qui rompt le lien, intervient au cours de la consultation puisque je ne confirme pas ce qui lui a été révélé par l'autre voyante (comme elle me le reproche par la suite) et même que je suggère une situation inverse (j'évoque des difficultés économiques). Ainsi, je deviens la mauvaise mère, avec régression vers une phase plus archaïque, à nouveau en tout ou rien.

Il a donc été possible d'élaborer ce qui est à l'origine du conflit survenu dans l'après-coup de la consultation, la décharge agressive n'étant en fait que le résultat de tout un cheminement psychique. D'ailleurs, ce n'est que lorsqu'elle a réglé le montant de la consultation qu'Hélène manifeste massivement ses affects ; le fait de payer intervenant comme une délivrance, une libération par rapport à l'objet, une autorisation à s'exprimer. Son attitude agressive traduit l'excès pulsionnel qui permet à l'interaction érotique de pouvoir se disjoindre. Il est d'ailleurs intéressant de souligner la progression dans la formulation des reproches ; elle passe du « vous n'avez pas été bonne » au « vous avez été mauvaise ». C'est une énergie qui enfle au fur et à mesure qu'elle se déverse. Dès que les vannes sont ouvertes, c'est-à-dire dès qu'elle s'est acquittée de sa « dette », elle libère

tout ce qui auparavant était déjà là mais, pourrait-on dire, momentanément réprimé ou contenu.
Au cours de l'entretien, s'installe une relation de persécuteur/persécuté, qu'Hélène vit sur un mode paranoïde, percevant ce que je dis comme une succession d'attaques et de menaces, touchant avant tout son narcissisme. D'ailleurs, elle me reproche de ne pas l'avoir reconnue ; ceci au sens propre, le fait que je ne me sois pas explicitement souvenue d'elle, c'est-à-dire de son histoire personnelle dans les détails, mais aussi au sens psychologique, le fait que je ne l'aie pas entendue dans ses désirs.

En regard à toutes ces considérations, il semble que l'échec de la consultation d'un point de vue économique est, en fait, la réussite, d'un point de vue dynamique, d'une prise d'indépendance, d'une autonomisation, entendu comme permettant la maturation du Moi. Pour y parvenir, Hélène mobilise son système de défense et oppose ainsi une résistance au déroulement naturel de la consultation, à savoir l'élaboration d'un dialogue. Elle ne fait aucune tentative pour sauver l'entretien, c'est-à-dire la relation, parce qu'elle est venue dans le but de détruire l'objet, de rompre le lien qui l'attachait à moi.
L'intervention d'un tiers extérieur (l'autre voyante) à l'intérieur d'une relation duelle de type mère/enfant, a joué le rôle de « déclic » en tant que révélateur de la fragilité et de la faillibilité de l'objet. Or, le voyant, en général et en particulier ici, repose sur le postulat suivant : toute-puissance et infaillibilité. Hélène n'a donc d'autre alternative que de se confronter à moi. Elle ne peut faire autrement son travail de deuil, le ressenti pouvant s'exprimer en ces termes : « je ne peux plus la supporter, elle est trop différente de moi » et démontrant l'échec de la recherche de fusion. La rupture ne peut se faire que dans la violence, sur un mode projectif, avec expression des pulsions déplaisantes et désinvestissement, c'est-à-dire retrait de la libido.

III. NICOLE

« Qu'on veuille bien nommer désir ou libido ce qui apparaît quand l'homme se retourne vers le fond de soi-même. Toujours pour étancher la soif du Narcisse qu'il contemple il en appelle cependant à l'autre extérieur, à ses limites de chair et de peau. »[1]

1. Observation

Nicole est âgée de quarante-huit ans. Elle est divorcée depuis cinq ans et mère d'un enfant de six ans. Issue d'une famille bourgeoise, elle travaille, en tant que responsable de la gestion des représentants, dans l'entreprise de son père.

Depuis maintenant trois ans, elle vient me voir de manière assidue. La fréquence des consultations n'est altérée que lors des vacances, chaque séance étant espacée de sept à quinze jours maximum. Il n'y a donc jamais eu, jusqu'à présent, un mois qui se soit écoulé sans qu'elle vienne à mon cabinet.

En mai 1985, suite à une proposition, j'ai participé à un Salon de la voyance. Etant très hostile aux conditions de travail et à l'état d'esprit ambiant, je ne suis restée qu'un après-midi. Durant ce laps de temps, j'ai procédé à une dizaine de mini-consultations ; le principe de ces Salons étant le suivant : un coût d'entrée qui donne droit à plusieurs consultations. En fait, la plupart de ces festivals, sous couvert de promouvoir la profession, ne visent qu'un but lucratif. Il y a non respect aussi bien du public que des voyants. Ces derniers sont contactés pour y participer gracieusement. Les responsables promettent une forte retombée publicitaire en laissant entendre que c'est chose précieuse et privilégiée d'avoir été choisi, pour ne pas dire élu. C'est donc en toute confiance, résultat d'une grande crédulité, que j'ai accepté de participer à ce Salon. Il faut préciser que j'étais nouvelle dans

1. A. Anzieu : *Emboîtements*, p. 59.

la profession et que cette expérience, même si elle a été révélatrice, a constitué une première désillusion.

C'est donc dans ce cadre que j'ai rencontré, pour la première fois, Nicole. Lors de ce premier entretien, un dialogue s'est rapidement mis en place. Nicole s'est montrée enjouée, dynamique et s'est d'emblée racontée et confiée. Au terme de la consultation (c'est-à-dire au bout de quinze minutes), elle m'a avoué être enchantée. Suite à sa demande, je lui ai remis mes coordonnées.

Deux jours plus tard, elle a pris rendez-vous. Elle m'a alors expliqué que notre premier entretien avait été trop court à son goût et qu'elle souhaitait l'approfondir. De ce jour, elle est venue au rythme d'une consultation toutes les semaines ou toutes les deux semaines.

Cette étude de cas porte, de ce fait, sur la relation générée par une demande au départ de type divinatoire. Elle ne repose donc pas sur le contenu d'une consultation mais sur la qualité – entendu la composition – de la relation. En référence à la perspective freudienne, il serait possible de parler de transfert, bien que j'utilise ce terme avec précaution vu qu'il ne s'agit pas d'une situation analytique. Ce qui semble, cependant, intéressant, c'est d'observer dans quelle mesure une demande divinatoire peut déboucher, a posteriori, sur un travail thérapeutique. Il est certain que, dans ce cas, la nature de la demande n'est plus à proprement parler divinatoire même si elle demeure magique. Pour éclaircir la situation, je procéderai en plusieurs temps.

1.1. Évolution de la relation

Autrement dit, comment la relation s'est-elle développée dans le temps ?

Il n'y a pas eu de phases évolutives, c'est-à-dire d'étapes spécifiques dans le déroulement de la relation mais plutôt une composition statique. Le rythme des consultations s'est d'emblée installé et est pratiquement toujours resté le même. Il n'y a donc pas eu de variation dans la durée. Par contre, certaines modifications se sont opérées, résultat de mon attitude personnelle. En effet, au départ, Nicole venait toutes les semaines. Elle avait à mon égard une position cannibalique, ce qui se démontrait par une grande avidité. Ainsi, elle s'est immédiatement imposée dans ma vie professionnelle avec tendance à déborder sur mon existence privée – entendu non professionnelle. Ceci se traduisait par des appels téléphoniques quasi quotidiens, par une tendance à venir à l'improviste, sans rendez-vous, pour ramener le rythme à plusieurs consultations par semaine et par un refus des fins de séance.

J'ai donc, en conséquence, réaffirmé le cadre existant en ne faisant aucune concession (je ne prenais pas les communications téléphoniques et je refusais systématiquement de la prendre sans rendez-vous). Il a tout de même nécessité quelques mois pour qu'elle cesse toute tentative de transgression du cadre et pour qu'elle respecte les limites établies. Ainsi, au fur et à mesure, elle a régulé, dans une certaine mesure, sa demande.

A l'heure actuelle, elle ne me téléphone jamais, sauf pour les prises de rendez-vous. Elle vient tous les dix ou quinze jours et les consultations n'excèdent jamais quarante-cinq minutes. Elle y met d'ailleurs elle-même un terme sans que je sois obligée de faire preuve d'autorité.

1.2. Le contenu des consultations

Celles-ci s'articulent autour d'un échange verbal. En fait, Nicole vient pour parler et pour que je lui parle. Il n'y a pour ainsi dire pas de demande divinatoire. Par contre, les consultations suivent un déroulement classique avec utilisation des tarots. Mais, Nicole fait plus état de son présent que véritablement de son avenir. La fréquence des consultations explique que, pour ma part, je n'ai pas « grand chose » à lui dire. Elle se charge d'alimenter le dialogue, en mentionnant les moindres détails et aventures insignifiantes qu'elle peut vivre. Tantôt elle évoque la dernière maladie de son père, tantôt elle relate l'erreur qu'elle a pu commettre dans son travail. Que des événements sans grand intérêt et pourtant...

Ce qu'elle attend, à un niveau fantasmatique, est de pouvoir rencontrer un homme avec lequel vivre une grande passion et aménager une vie de couple. Ceci représente un souhait qu'elle formule régulièrement bien qu'elle déclare, dans le même temps, ne pas souffrir de la solitude. Lorsqu'elle évoque ce désir, elle le fait d'une façon optimiste – « ça serait bien » – sans jamais pour autant se plaindre de sa situation affective. Ainsi, elle n'attend pas que je lui fasse de prédictions précises mais plutôt que nous puissions nous entretenir ensemble de sa situation actuelle et d'un hypothétique avenir (sans que celui-ci lui tienne particulièrement à cœur).

1.3. La nature de sa situation

Nicole n'est pas à proprement parler dans une situation problématique ou douloureuse, en ce sens qu'elle n'est pas confrontée à d'importantes difficultés. Elle est même, pourrait-on dire, à l'abri de gros problèmes. Le fait de travailler dans l'entreprise de son père lui assure la sécurité d'emploi et une certaine aisance financière. En fait, ce qui est frappant, c'est la tranquillité apparente de son existence. Depuis trois ans, aucun changement, aucun événement caractéristique ne s'est produit. Sa vie affective est d'une grande pauvreté avec une absence quasi-totale de rapports sexuels. Il lui arrive pourtant souvent de rencontrer des hommes, d'être l'objet de sollicitations amoureuses mais, à chaque fois, la relation est avortée, tuée dans l'œuf. Tout se passe comme si elle n'avait aucune exigence sur le plan de la réalité extérieure, ce qui n'empêche d'ailleurs pas qu'elle ait, d'un autre côté, une vie fantasmatique très élaborée.

1.4. Sa personnalité

Nicole est une femme active, d'humeur toujours gaie et d'une grande vitalité. Elle inspire la sympathie et a un contact direct et chaleureux. Elle se montre généralement volubile. Elle parle beaucoup et ce qui caractérise ses propos est leur inconsistance. En effet, elle peut discuter une heure sur un mal de tête ou encore discourir longuement d'un rendez-vous manqué. La moindre contrariété peut alimenter une conversation. Par rapport à ma personne, elle se montre pleine d'attention et de bonté. Elle me flatte, me complimente et s'inquiète de ma situation. Elle met à profit toutes les occasions qui peuvent permettre un rapprochement – vœux de début d'année, carte postale des vacances. Elle a d'ailleurs fait plusieurs tentatives pour avoir des relations plus amicales ou plus personnelles avec moi. Parallèlement, elle s'assume complètement sur le plan économique ; elle subvient aux besoins de son enfant et d'elle-même sans faillir à ses responsabilités. Elle ne paraît jamais véritablement affligée, angoissée ou attristée.

2. Analyse

L'objet de cette étude de cas n'est pas de faire l'analyse de Nicole ; d'une part, parce que je ne suis pas psychologue et que je ne veux pas risquer de faire de la psychanalyse à bon marché et d'autre part, parce que ce n'est pas le propos de ce mémoire. Bien plus, ce qui m'importe, c'est de traiter ce qui se joue en consultation et ce que peut générer une telle relation. Je procéderai donc à l'interprétation sans chercher à expliquer certains phénomènes si je ne dispose pas des moyens nécessaires pour le faire ou s'ils se rapportent à l'histoire personnelle de Nicole.

2.1. Conditions et lieu de rencontre

Lors de l'observation, j'ai fait part du lieu de rencontre puisqu'il me paraissait important au niveau de sa valeur symbolique. De plus, c'est la seule cliente que j'ai connue dans ces conditions, étant donné qu'habituellement les personnes viennent me voir directement. Ici, c'est plutôt l'inverse qui s'est produit, c'est-à-dire qu'en participant à ces Salons, ce sont, en quelque sorte, les voyants qui vont vers le public. En tout cas, c'était déjà au départ un lieu extérieur à mon cabinet de travail. Aussi, les modalités de notre rencontre ont participé activement à l'élaboration de la relation.
Si nous nous référons à la théorie de Winnicott[1], selon laquelle

1. D. W. Winnicott : *Jeu et réalité*.

l'enfant ne crée pas l'objet transitionnel mais le trouve puis lui crée une dimension symbolique, le fait que Nicole m'ait rencontrée lors d'un Salon joue un rôle évident. C'est-à-dire qu'elle a réellement pu avoir le sentiment de me trouver, de me découvrir en tant que voyant au milieu d'autres voyants, de m'élire puis de m'investir. Alors qu'avant son arrivée, j'étais mêlée à la masse, indifférenciée par rapport aux autres, je suis devenue, « grâce à elle », différente, quelqu'un « à part », quelqu'un dont la valeur dépassait largement celle des autres. Ceci s'est opéré à la fois grâce à la surestimation de mes capacités (la « super voyante ») et à la surestimation des siennes (avoir su me trouver).

De plus, cet espace constituait réellement un lieu intermédiaire entre elle et moi, entre son domicile et mon cabinet. Si elle était venue directement chez moi, la rencontre aurait perdu son caractère conjoncturel et la dimension magique en aurait été d'autant réduite. D'autre part, Nicole n'a pas été recommandée mais elle m'a trouvée toute seule ; de même que l'enfant fait son choix de sa propre initiative, sans l'intermédiaire de ses parents (on ne peut pas lui dire : « prends cet ours, ce sera lui ton objet transitionnel »).

Quant à la question pourquoi moi et pas une autre, il serait hasardeux de proposer une réponse et je préfère m'avancer sur ce qui demeure vérifiable. Tout ce que l'on peut supposer, c'est que, sans doute, si son choix ne s'était pas porté sur ma personne, il se serait porté sur quelqu'un d'autre ; c'est-à-dire que son « objet » était nécessairement là, présent en ce lieu, puisqu'elle était venue dans l'intention de le trouver. Il faut souligner également que, lors de ce premier entretien, je lui ai fait des « révélations » exactes ; il y a donc eu fascination et émerveillement, ce qui a permis l'édification d'un sentiment de confiance nécessaire à l'idéalisation.

2.2. Pourquoi un voyant ?

Après s'être penché sur l'importance du lieu, il est nécessaire de faire de même quant au choix de l'objet. En d'autres termes, quelles raisons ont été à l'origine de l'élection de ma personne en tant qu'objet d'investissement ?

Dans le champ de l'oralité, règnent la toute-puissance et l'omnipotence. L'enfant, aux stades les plus précoces, croit que sa mère est infaillible. Or, la représentation fantasmatique qu'a le nouveau-né de sa mère se rapproche pour beaucoup de l'image implicite qu'a le public, en général, du voyant. Comme on l'a vu, le voyant repose sur des représentations mythico-sociales spécifiques. Il correspond à cet effet à l'être idéalisé qui répond aux illusions mégalomaniaques et narcissiques d'omniprésence et d'omniscience. Dans le cas de Nicole, il était indispensable que l'objet soit conforme à cet idéal infantile. En ce sens, la représentation du voyant la renvoyait aux imagos parentales ; ce qui était nécessaire à l'établissement d'une relation transférentielle dans laquelle pouvait se réactualiser une scène infantile en présence des personnages significatifs de son histoire. J'étais bonne non seulement parce que j'étais le sein gratificateur mais aussi parce que j'étais le réceptacle de ses pulsions érotiques. »

2.3. La relation

Le premier point à souligner est la rapidité avec laquelle elle s'est mise en place. Sa création dans l'immédiateté a annihilé toute phase d'approche. Elle n'a donc pas donné lieu à un déroulement processuel, respectant une progression dans l'élaboration de l'interaction, mais elle s'est, au contraire, instaurée d'emblée.

D'autre part, ce qui est à noter comme particularité, c'est la régularité des consultations, en un rythme qui devient un rite. En effet, la relation repose sur une organisation tout à fait précise, qui consiste à faire d'un événement « normalement » original une situation suivie et établie dans la durée.

Je m'explique : le recours au voyant constitue en soi une démarche spécifique, c'est-à-dire un temps particulier dans le cours des choses ; or, Nicole en a fait quelque chose de totalement intégré à son existence. Elle a ainsi ramené l'irrégulier au régulier, procédé magique, en installant dans la durée quelque chose qui, par nature, est ponctuel.

En fait, a priori, il n'y a pas chez Nicole de nécessité pratique à consulter un voyant. Ce qu'elle vit n'est pas de nature à alimenter une telle démarche. L'absence d'inquiétudes, de situations anxiogènes ou douloureuses, explique que le contenu des consultations soit plus centré sur un échange verbal commun que sur un travail prévisionnel.

La relation entre Nicole et moi renvoie à la position mère/enfant dans sa phase la plus archaïque. Il semble cependant difficile de savoir si l'on est en présence d'une relation objectale ou au contraire anobjectale (ce qui signifierait qu'il n'y a en fait pas de relation). Il s'agit donc d'analyser si elle me considère comme un objet non-moi, extérieur ou si, par le jeu d'identifications, elle me perçoit comme une partie d'elle-même.

On peut, je pense à juste titre, introduire ici la notion de fusion, c'est-à-dire de confusion entre sujet et objet et, pour reprendre l'expression de Balint, évoquer une unité duelle. En effet, logiquement, dans l'interaction duelle, il y a la mise en présence de deux personnes qui ont leur propre identité, une fonction sociale, un passé et un état dynamique présent spécifiques qui les différencient l'une de l'autre ; ce qui crée un champ de forces qui peuvent être complémentaires, parallèles ou antagonistes. Or, pour Nicole, il y a négation de la différence qui s'opère par la projection de son Idéal du Moi sur ma personne, qui devient alors un miroir complaisant.

Je parle également de fusion en référence à la théorie selon laquelle l'existence de l'objet comme tel commence au moment où le sujet prend conscience de son absence. Ici, Nicole ne peut pas supporter la séparation ; c'est-à-dire qu'elle n'a pas la capacité d'accepter l'absence de l'objet puisqu'en fait, pour elle, il n'y a pas d'objet extérieur mais continuité de sa personne dans la mienne, par le biais d'une identification projective.

De même que la mère, durant les premiers stades de la vie du nourrisson, grâce à une adaptation quasi-parfaite[1], crée chez son enfant l'illusion que le sein est une partie de lui-même – la continuité de sa bouche –, Nicole, par l'investissement massif de

1. D. W. Winnicott : *L'avenir d'une illusion*, p. 222.

ses pulsions érotiques, crée l'illusion que nous ne faisons qu'une seule et même personne. Comparativement, comme l'a montré Freud[1], il s'agit du même processus que nous trouvons dans la relation amoureuse, où l'objet aimé se substitue à l'Idéal du Moi. Ceci repose naturellement sur un fantasme, certainement résidu de la vie intra-utérine, qui serait de ramener le pluriel au singulier, de ne pouvoir faire qu'un avec l'autre. Ainsi que le dit A. Green : *« On comprend alors que la relation narcissique ne puisse concevoir l'Autre que sur le modèle de l'Un. Car la véritable unité est celle du couple. »*[2]

Il n'y a donc pas ici à proprement parler de relation objectale puisque virtuellement il n'y a pas d'objet. Ceci étant dit en ce qui concerne la structure de la relation, il convient de juxtaposer la présente interprétation à ce qui a été analysé concernant les modalités de son élaboration.

Nicole a aménagé une aire intermédiaire pour vivre cette relation idéalisée. Effectivement, il existe un paradoxe entre sa vie extérieure et ce qui se joue lors des consultations, autrement dit il y a la mise en place d'un rapport clivé entre ce qui constitue le monde effectif et l'interaction permettant un entretien constant de sa vie fantasmatique. Cet état de fait pourrait s'apparenter à un dédoublement de personne. Elle se comporte comme si elle avait deux vies, non pas telles que dans les caricatures, une vie diurne dans laquelle elle contiendrait ses fantasmes et une vie nocturne dans laquelle elle les laisserait se manifester massivement, mais plutôt une vie officielle et reconnue et une vie cachée et secrète.

Ceci pourrait se postuler ainsi : sa vie quotidienne correspondrait ou plutôt ferait appel au principe de réalité alors que le vécu des consultations reposerait sur le principe de plaisir. D'ailleurs, il apparaît qu'elle marque une très nette distanciation entre ces deux lieux. La relation fusionnelle, on l'a déjà souligné, ne se situe ni dans le monde objectivement perçu – le dehors –, ni dans

---

1. S. Freud : *Psychologie des foules et analyse du Moi*, in *Essais de psychanalyse*, p. 178.
2. A. Green : *Un, Autre, Neutre: valeurs narcissiques du Même*, p. 59.

sa réalité psychique intérieure – le dedans –, mais dans une troisième aire, aire intermédiaire entre les deux. Or, ce qui démontre clairement la séparation que Nicole établit entre l'espace/temps consultation et le dehors, c'est le fait qu'en trois années, elle ne m'ait jamais envoyé quelqu'un ; chose fort rare, et je crois même unique si mes souvenirs sont fiables. En effet, jusqu'à présent, chaque fois que j'ai eu un suivi (entendu sur plusieurs mois et avec fréquence des rendez-vous), les clients m'ont fait une publicité importante. Par contre, chez Nicole, il y a un refus évident à ce que d'autres personnes s'adressent à moi, ce qui rejoint son fantasme d'être la seule et unique cliente[1].

Le fait que j'ai d'autres consultants, ce qui n'est peut-être même pas représentable pour elle, équivaudrait à me partager, ce qui susciterait la peur que cet espace potentiel s'emplisse de ce qui lui serait injecté par quelqu'un d'autre. De plus, elle maintient sa démarche très secrète ; en ce sens qu'elle n'en parle absolument pas. Ainsi, aucune personne dans son entourage n'est au courant – d'après ce qu'elle me dit – sous prétexte que ce sont des gens particulièrement hostiles à la voyance. Or, dans ce contexte précis, vu l'ampleur de la relation, la cacher nécessite des efforts considérables. Lorsqu'un tel recours est ponctuel, il est aisé de n'en rien dire mais lorsqu'il donne lieu à un investissement temporel, économique et énergétique comme ici, il semble extrêmement difficile de le tenir secret. Nicole est donc obligée de veiller à ce que son secret ne soit pas dévoilé, ce qui lui demande une vigilance et une attention de tous les instants, mais ce qui, dans un autre temps, lui procure la jouissance de faire quelque chose sans que personne ne le sache et l'exaltation que peut générer la transgression de l'interdit (puisque dans son entourage, c'est paraît-il un sujet tabou).

Ainsi, s'établit une rupture entre le dehors et le « dedans extériorisé » c'est-à-dire le lieu qui lui autorise à rendre manifeste sa vie psychique intérieure. Pourtant, bien que ces

1. Le fonctionnement de mon travail par prise de rendez-vous fait qu'il est très rare que deux consultants se croisent, ainsi elle a peu eu l'occasion de rencontrer d'autres clients, ce qui a participé à entretenir son désir illusoire.

deux aires soient soigneusement isolées l'une de l'autre, elles restent malgré tout fondamentalement liées l'une à l'autre. En effet, elles reposent toutes deux sur une constante ; c'est-à-dire que, des deux côtés, on assiste à une platitude remarquable au niveau événementiel. Sa vie quotidienne et ce qui se joue à l'intérieur des consultations respectent un déroulement linéaire, sans que n'intervienne dans l'une ou l'autre aucune forme de changement ou d'évolution. Tout se passe comme si Nicole mettait en échec inconsciemment, mais activement tout de même, tout ce qui pourrait entraîner des modifications plus ou moins profondes. Si l'on observe de plus près, on remarque que le but poursuivi par Nicole est sans doute, en priorité, de pouvoir garantir la solidité de la relation. Or, tout changement dans sa quotidienneté se répercuterait sur son vécu en consultation. Il est donc nécessaire que rien ne bouge.

En fait, comme chez le nourrisson, son Moi *« cherche à conserver son aspect hédonistique intact en s'identifiant à tous les stimuli générateurs de plaisir et en se dissociant de tous les stimuli douloureux. L'omnipotence du psychisme dans son propre domaine, le monde subjectif, lui permet de le faire. »*[1] C'est pourquoi, sa vie relationnelle est d'une grande pauvreté. Elle a peu de relations amicales et son existence amoureuse est désertique. Il me semble que ceci peut apparaître comme un moyen pour protéger l'interaction mise en place avec moi. En effet, elle a totalement investi ma personne avec débordement de sa libido narcissique. Or, permettre à une relation affective d'exister en dehors de moi l'obligerait à retirer, par rapport à l'objet que je représente, tout ou partie de ses pulsions libidinales ; c'est-à-dire qu'elle serait dans l'obligation d'opérer un désinvestissement progressif ou massif.

Aussi, vu l'organisation de cette relation mère/enfant, il semble impossible qu'elle ait deux pôles identificatoires, deux surfaces de projection, deux objets mis à la place de son Idéal du Moi. L'unique moyen de ne pas se retrouver dans un tel dilemme et de

1. J. Rivière : *Sur la genèse des conflits psychiques dans la toute première enfance*, p. 38.

préserver la relation est donc de ne pas se créer d'autres lieux d'investissement.

Lorsque l'enfant est soumis à des tensions, liées à des stimuli extérieurs ou intérieurs, il exprime cet état par des manifestations orales ou gestuelles. Dès lors, l'objet qui l'a satisfait prend une valeur élective dans la constitution de son désir et, quand apparaît à nouveau l'état de tension, l'objet est automatiquement réinvesti. Le moyen de contrôle qu'exerce l'enfant par ses cris ou par ses pleurs lui permet d'avoir l'illusion qu'il est tout-puissant. Pour Nicole, le fait qu'elle me paie est assimilable aux messages de l'enfant. En effet, me payer lui assure un contrôle magique. Elle se sent, de ce fait, à l'abri d'échecs, protégée contre une éventuelle déception, davantage que dans le cadre d'une relation classique basée uniquement sur un échange de sentiments[1]. Elle se préserve ainsi de tout danger pouvant entraîner une situation de deuil ; ce qui s'apparente à la dénégation, système de défense, qui va jusqu'à l'anéantissement de tout objet et de toute situation susceptible de frustrer[2]. C'est pourquoi, sorte de cercle vicieux, n'ayant pas de pôle d'attachement extérieur, le fait de venir me voir est devenu un comportement compulsif d'attachement ; c'est-à-dire qu'il est comparable à une exigence interne qui entraînerait une montée d'angoisse si elle n'était pas accomplie.

2.4. Son comportement

Au départ, Nicole avait à mon égard une position cannibalique marquée par une avidité excessive. Elle avait une attitude parasitaire avec désir de posséder totalement l'autre[3]. Elle manifestait une demande correspondant à celle du nouveau-né, le propre de la phase orale étant de concevoir le monde comme ouvert et illimité. Elle ne tolérait pas de restriction, qu'elle

1. Comme dans le cadre d'une relation amoureuse où le partenaire demeure « normalement » libre de se détacher.

2. M. Klein : *La vie émotionnelle des bébés*, p. 149.

3. Pour faire le lien avec ce qui a été énoncé précédemment par rapport à l'importance de l'argent. Me payer, c'est m'acheter et donc me posséder.

percevait comme autant de compromis, sentiment incompatible avec une demande en tout ou rien. C'est pourquoi, elle ne respectait pas les limites (à savoir pas d'appels téléphoniques, respect de la durée des consultations, etc.), ceci d'une part à cause de son refus des interdits qui constituaient une entrave à sa toute-puissance et d'autre part à cause de la nécessité de s'assurer de son propre pouvoir. Son comportement d'alors témoignait d'une certaine perversité, qui était de voir jusqu'où elle pouvait aller. Elle me désirait totalement disponible et présente.

Afin de ne pas lui permettre de s'installer dans ce fonctionnement idéal, j'ai réaffirmé le cadre en faisant preuve d'intransigeance et en me montrant très peu permissive. La première réaction de sa part a été de tenter de transgresser le cadre malgré mon implacabilité. Par la suite, elle a adopté une position inverse, en acceptant progressivement les délimitations à son champ d'action. Or, en respectant scrupuleusement le cadre établi, puisque c'est elle maintenant qui, de sa propre volonté, met un terme à la consultation, elle s'est en quelque sorte attribué le cadre, comme si c'était elle qui avait fixé les règles du jeu.

La seule évolution notoire demeure celle-ci : le respect du cadre. Pour le reste, tout est demeuré identique, le lien d'attachement ne subit aucune fluctuation et évolue naturellement, sans mouvement de diminution ou au contraire d'augmentation. Ainsi, depuis environ deux ans, date à laquelle elle a cessé toute tentative de destruction du cadre, elle fait preuve d'une totale soumission : la même obéissance qu'adopte l'enfant à l'égard de l'autorité parentale. Bien plus, il entre dans son attitude une grande part de séduction, elle fait tout ce qui est dans son pouvoir pour me plaire, pour m'être agréable.

2.5. Et moi, dans tout ça ?

Il est difficile pour moi de parler de moi, difficile de ne pas être subjective, difficile parce que cela m'implique, mais il est cependant nécessaire de le faire. Essayons de n'avoir aucune complaisance pour le personnage que j'incarne dans cette histoire ! En effet, pour l'observateur, certaines questions peuvent se poser : comment gère-t-elle cette relation ? Pourquoi l'a-t-elle laissée s'installer dans la durée ? Ne l'entretient-elle pas ?

Ces questions, si je me les pose aussi, je n'y répondrai sans doute pas de la même manière qu'une tiers extérieur pourrait le faire. Tout d'abord, il est indispensable de rappeler qu'à la création de la relation, j'étais débutante dans la profession et totalement profane en matière de psychologie. J'ai commencé ma formation universitaire en Octobre de la même année, ce qui n'est certainement pas neutre. Il m'était donc difficile, avec le peu de connaissances dont je disposais et le peu d'expérience que j'avais alors, d'envisager cette relation dans sa perspective transférentielle. J'ai, pour ainsi dire, péché par ignorance. A cela s'ajoute la question économique qui n'est pas sans compter non plus. A cette époque, les personnes qui venaient souvent, étaient pour moi ni plus ni moins que de bons clients. J'ai, pour ainsi dire, péché par gourmandise. (Lorsque je parle de péché, je le fais plus par humour que par procès vis-à-vis de moi-même. Mais, il demeure vrai que des situations de ce type peuvent susciter un sentiment de culpabilité, surtout lorsque l'on fait une démarche telle que le DUPS qui n'est pas sans remise en question.)

Il s'est avéré rapidement que la situation prenait une dimension et une ampleur considérables. J'ai donc cherché spontanément à réguler la demande, en n'autorisant aucun débordement et en mettant un frein à toutes les tentatives de rapprochement trop excessif. Dans le courant de l'été 1986, j'ai mis à profit la période des vacances pour aménager une coupure de deux mois. J'espérais que cette dernière pourrait permettre à Nicole de me désinvestir mais surtout d'accepter la séparation – et déjà de la vivre – pouvant seule garantir l'ambivalence.

Cette tentative a été vaine puisqu'il n'en a pas résulté les effets escomptés. Parallèlement, il m'arrive fréquemment de la refuser en rendez-vous, ceci pour éviter une attente inconditionnelle liée à une trop grande disponibilité. Par contre, je m'aperçois que l'attachement est trop intense pour qu'il y ait véritablement une évolution. Il semble qu'elle seule puisse agir et que, pour ma part, je ne puisse que concourir à l'y encourager.

Elle s'adonne à la voyance comme d'autres s'adonnent à une drogue, avec même clivage réalité/fantasme, même nécessité et même dépendance. Il est donc nécessaire, tout comme dans la toxicomanie, de procéder à un sevrage ; c'est-à-dire de l'amener progressivement à désinvestir, à retirer son énergie, en quelque sorte à prendre son indépendance.

Il faut souligner que la voyance, à l'inverse de la psychanalyse, va à l'encontre de la règle d'abstinence selon laquelle le patient doit trouver le moins de satisfactions substitutives. Il est même nécessaire pour le voyant qu'il remplisse le rôle exigé par le consultant. C'est pourquoi Nicole ne s'adresserait pas à un psychologue, bien que je le lui ai suggéré.

3. Conclusion

Si l'on reprend tous les éléments de l'analyse, il semble que pour Nicole la relation transférentielle lui permette d'investir ses pulsions libidinales ; celles-ci deviennent une aspiration à une amitié idéale et inséparable. Or, cet attachement, qui fait intervenir un rapport de dépendance, est sous contrôle magique ; c'est-à-dire qu'il présente l'avantage d'être fiable, durable, voire même « immortel ». La relation s'inscrit dans une aire transitionnelle, qui fait pour ainsi dire tampon entre le monde effectif et sa vie psychique intérieure. Elle lui permet d'éviter tout sentiment de frustration ou d'insatisfaction ainsi que toute pulsion déplaisante. Le pouvoir que Nicole exerce sur cet espace est celui de l'argent ; tant qu'elle paiera, l'objet sera là, ce que ne permettrait pas un autre type de relation. Ainsi, elle s'est créée une néo-réalité qui l'autorise à vivre en fantasme ce qui ne peut se passer dans la réalité. D'un certain point de vue, elle ne connaît aucune difficulté : la seule lacune qui demeure concerne son univers amoureux. Elle perçoit ce sentiment de vide mais n'en souffre pas même si, dans le même temps, elle aspire à une vie de couple. Cependant, par rapport à l'angoisse que peut générer la perte de l'objet aimé, elle préfère se préserver d'un tel risque, en évitant tout investissement de ce type. Aussi, met-elle en échec toute relation sexuelle qui pourrait engendrer un sentiment de tendresse et d'attachement vis-à-vis de la personne choisie.

C'est pourquoi, sa vie quotidienne ne présente aucune fluctuation, parce que ce qui se joue en consultation repose sur une illusion ; et, pour que la relation fusionnelle puisse continuer à fonctionner, il faut rester dans l'illusoire. Pour assurer la constance de l'interaction, il est nécessaire qu'elle assure la constance de sa vie. D'autre part, ce qui se dit en consultation est totalement vide. L'échange s'organise autour de banalités apparemment sans intérêt. Ce qui se dit est de l'ordre du discours et non pas de la parole, en ce sens qu'il n'y a aucune émotion. C'est la raison pour laquelle une telle relation ne peut pas entraîner de remise en question.

De plus, depuis trois ans, je n'ai jamais perçu de mouvement dépressif chez Nicole. On pourrait peut-être, de ce fait, postuler que son vécu en consultation la maintient en état d'exaltation, puisque ce lieu lui permet d'apaiser les tensions et de satisfaire virtuellement son désir. Cette pseudo-réalité lui rend ainsi la vie supportable et tolérable et lui permet de différer toute phase dépressive, d'ajourner toute situation de crise. Aussi, il semblerait que tant que cette relation durera, dans ces conditions précises, Nicole ne pourra évoluer dans la réalité objective ; c'est-à-dire que ce qui s'élabore autour de cette relation fait obstacle à son développement personnel.

4. Les cours : une solution ?

Dans l'optique de procéder à un désillusionnement, lorsqu'en Septembre 1987, Nicole m'a demandé de participer au cours que je dispense sur la symbolique du Tarot de Marseille, j'ai accepté. En effet, j'ai pensé que le travail en groupe pourrait déclencher une évolution dans l'ordre établi.

Ce sont des cours hebdomadaires, en petit groupe de quatre à cinq personnes. J'ai hésité à donner mon accord en redoutant que le seul bénéfice que Nicole puisse tirer de mes enseignements soit de pouvoir venir à mon cabinet une fois par semaine (en plus, naturellement, de ses consultations). C'est sans doute ce qu'elle en attendait plus ou moins consciemment.

De plus, je dispense ces cours depuis Septembre 1986 et elle en était informée. Or, étant donné qu'elle me veut totalement à elle, de même qu'elle désire être totalement à moi, elle ne supportait pas que je fasse quelque chose en dehors d'elle, d'où la nécessité d'y participer. Après avoir pris en compte ces considérations, j'ai tout de même donné une réponse positive à sa demande.

Il y a maintenant quatre mois qu'elle vient aux cours et il apparaît que certains changements se sont opérés. Elle a déjà réduit d'elle-même la fréquence des consultations ; mais il est certain que, dans le même temps, les séances de cours lui permettent de me voir une fois par semaine. Seulement, même si, effectivement, les cours lui permettent de rester une heure avec moi, c'est quand même une heure où elle me partage avec le groupe. Ce n'est donc pas du tout la même relation, le même vécu qu'en consultation.

C'est sans doute ce qui explique, qu'au départ, les cours ont été pour Nicole quelque chose de déplaisant. L'obligation d'être confrontée à d'autres a été vécue douloureusement, ressentie comme déstabilisante et comme risquant de porter atteinte aux liens établis. Il s'en est donc suivi une réaction à l'égard des autres. Elle a revendiqué son identité, c'est-à-dire qu'elle s'est présentée à l'intérieur du groupe comme me connaissant bien, presque comme une amie. Devant l'indifférenciation, que je renvoyais en miroir au groupe et donc à elle-même, dans ma manière de les considérer tous de la même façon, sans considération des liens particuliers qui m'unissaient aux uns et aux autres, elle s'est sentie personnellement rejetée et attaquée. Aussi, au lieu de me manifester en retour des sentiments hostiles, garants d'un passage à une attitude contre-transférentielle, elle a déchargé cette agressivité « naturelle » sur les membres du groupe. Elle s'est sentie persécutée par les autres, ce qui pourrait s'énoncer ainsi : « elle ne m'aime plus, c'est de leur faute, ils me l'ont prise ».

Je m'exprime au passé puisque depuis les choses ont évolué. En effet, après cette période de clivage bon/mauvais, vécue sur un mode paranoïde, Nicole a enfin pu accéder à une certaine ambivalence. Ceci se repère dans son attitude maintenant amicale à l'égard du groupe et par le désinvestissement progressif qui s'opère à mon égard.

QUATRIÈME PARTIE : DE PRATIQUE EN THÉORIE

CHAPITRE 1 : LES HYPOTHÈSES

CHAPITRE 2 : APPROCHES THÉORIQUES

Chapitre 1 : les hypothèses

I. Introduction aux hypothèses

1. A propos d'Œdipe-Roi

En vu d'élaborer mes hypothèses théoriques à propos de la pulsion divinatoire, je me suis penchée sur le mythe œdipien selon la pièce de Sophocle : Œdipe-Roi.
Le choix de ce matériau, venant argumenter ma recherche, est lié à trois facteurs : premièrement, la valeur symbolique et sémantique du mythe constitue une invite à penser (ou repenser) les termes de l'histoire ; deuxièmement, la correspondance du matériau avec la psychanalyse fait du mythe œdipien une référence incontestable et, je pense, incontestée ; troisièmement, mon choix s'est originé à partir de la lecture de deux ouvrages : celui de Gérard Bonnet dans lequel il évoque la cécité et le voir œdipiens et celui de Jean Bergeret dans lequel l'auteur s'est livré à une analyse interprétative détaillée des textes de Sophocle.

L'étude que je compte réaliser s'élabore sur deux grands axes :

- la valeur divinatoire de l'oracle
- l'automutilation : la cécité

Il ne s'agira donc pas ici de traiter de l'inceste et du fondamental concept freudien qui a découlé de cette situation triangulaire, mais plutôt d'évoquer un autre aspect de ce célèbre mythe qui est la position d'Œdipe par rapport au savoir. En référence à la problématique posée, cette partie constituera la poursuite de ces mêmes questionnements, en s'étayant sur le voir et le savoir dans la tragédie grecque.

Œdipe : L'histoire[1]

Laïos et Jocaste, roi et reine de Thèbes, désiraient ardemment avoir un enfant. Mais la Pythie, pour leur plus grand malheur, avait proclamé que le fruit de leur union serait maudit ainsi que toute sa descendance. La Pythie, pour prendre un raccourci, correspondait à la Mme Irma de l'époque, à la différence qu'elle ne se faisait pas payer en argent mais en sacrifices, c'était tout aussi coûteux d'ailleurs mais beaucoup plus sanglant; et également, qu'elle ne délivrait pas la parole de l'homme mais celle des dieux.

Bravant le terrible oracle, les souverains décidèrent néanmoins de satisfaire leur désir de procréation. Ainsi, Jocaste mit au monde, quelques temps plus tard, un charmant bambin. L'enfant semblait vigoureux, et c'est sans doute cette prédisposition naturelle et ce goût spontané pour la vie qui le sauvèrent plus tard. Car l'oracle se fit de nouveau entendre, encore plus impitoyable que la première fois, et il déclara en substance car les versions sont quelque peu controversées, que cet innocent gamin tuerait son père... Quelle horreur! Tous furent transis d'effroi et le petit ange qui suscitait compliments et autres politesses extasiées devint en quelques secondes le démon incarné à éliminer. Quelle situation embarrassante! Mais, cette fois, Laïos n'hésita pas, sa vie était menacée et, en bon égoïste, il considérait que son existence valait et justifiait amplement la destruction de l'assassin en puissance qui, sous des babillements insipides, cachait son âme de parricide. Il prit donc sur-le-champ la très grave décision de supprimer sa modeste progéniture. Il prit la décision, certes, mais comme c'est souvent

1. L'histoire d'Œdipe ne figurait pas à l'origine dans le mémoire. Seuls les oracles et les hypothèses étaient traités. Cependant, il me semble que même si le mythe œdipien est célèbre et connu de tous dans ses grandes lignes, son récit détaillé se révèle indispensable pour comprendre la valeur oraculaire. C'est pourquoi, j'ai préféré, dans le cadre de cette édition, raconter l'histoire d'Œdipe, pour bien mettre en évidence la chronologie des événements.

le cas, quand on prend de difficiles résolutions, il ne parvint pas à la mettre en application. C'est pourquoi, il chargea un de ses serviteurs, en qui il avait toute confiance, de s'occuper de la macabre besogne à sa place. Il lui donna l'ordre d'emmener l'enfant sur la montagne et de l'attacher par les pieds à un arbre, les bêtes sauvages ne tarderaient pas à venir le dévorer. Seulement, pas le moindre loup ne vint le manger, ni même le goûter. Et Œdipe était robuste; c'est pourquoi il résista au douloureux traitement et n'en garda que quelques cicatrices aux pieds d'où son nom Œdipe, qui signifie en substance: pieds gonflés.

Un vieil homme qui passait par là trouva le nourrisson hurlant, pleurant et criant. Il remit aussitôt, pressé de se défaire de cette encombrante et indésirable trouvaille, l'enfant à un berger qui le conduisit jusqu'à Corinthe. Là régnaient Polybe et Péribée, qui n'avaient pas d'enfants. Ils accueillirent donc avec joie et ravissement ce charmant bébé, certainement cadeau des dieux.

Ainsi, Œdipe grandit dans une famille aimante et aimée. C'était un enfant joueur, rusé et tendre. Il était profondément attaché à ses parents, qu'il pensait être ses géniteurs. Eh oui ! Comme souvent dans de telles situations, personne ne lui avait révélé la vérité. Par crainte de lui causer de la peine, on avait préféré se taire ; d'abord par égard, ensuite par négligence. On avait, dans un premier temps, considéré que l'enfant était trop petit pour entendre et comprendre; dans un second temps, on avait considéré qu'il était trop grand et qu'il risquait de nourrir quelques rancunes envers le mensonge qui lui avait été fait. Aussi, tout le monde s'entendit sur le fait que l'ignorance était préférable et moins risquée. Tout cela n'aurait pas été grave et n'aurait pas eu de regrettables conséquences, si un petit malin comme il s'en trouve de partout et en tout temps, n'avait cru bon, par provocation sans doute, d'ironiser sur le manque de ressemblance entre Œdipe et Pylobe et Péribée, ses parents. En cela, il n'avait pas tort. D'autres qu'Œdipe, indifférents, eurent haussé les épaules; ou, agressifs, eurent flanqué une bonne raclée à l'insultant; mais Œdipe était trop susceptible et beaucoup, beaucoup trop orgueilleux pour en rester là.

Aussi, par souci d'authentifier ses origines, et peut-être également par douloureuse incertitude, il alla consulter l'oracle. La Pythie renouvela sa prédiction, en y ajoutant même au passage – c'était un bon jour ! – la situation incestueuse : c'est-à-dire que non seulement Œdipe était soupçonné de tuer son père dans un avenir indéterminé, mais inéluctable, en plus il était supposé épouser sa mère. Alors de même que Laïos et Jocaste s'étaient effrayés et avaient conduit leur fils à l'abattoir ; de même, Œdipe, le rescapé de ce dramatique dessein, réagit en décidant de quitter sur-le-champ ses parents, sans même leur dire adieu. Il s'éloigna donc de Corinthe, les mains vides et le cœur pesant, triste et désabusé, sans savoir dans quelle direction le menaient ses jambes, avec pour seul impératif la nécessité de fuir. Son esprit, frappé d'horreur, démissionnait et donnait les commandes au corps, qui comptait bien les garder. Il fallait échapper à l'horrible menace : mettre de la distance entre l'assassin malgré lui et les victimes innocentes.

Cela peut étonner l'observateur ? Il peut penser qu'il n'aurait pas agi ainsi... Qu'aurait-il fait alors ? Il se serait sans doute retranché derrière les défenses toute-puissantes d'un intellect trompeur ? Il aurait dit : « l'oracle délire, je suis bien incapable d'agir ainsi... » Peut-il vraiment penser qu'une telle prédiction n'aurait provoqué d'autre réaction qu'un malheureux déni ? Qu'est-ce que cela signifie alors ? Que l'homme n'irait consulter l'oracle que pour entendre de belles histoires, que pour être considéré comme un être idéal et non comme un assassin potentiel ?

Il ne faut pas trop vite accuser Œdipe de folie. Il est dans une certaine mesure innocent, c'est-à-dire excusable d'avoir accepté le verdict qu'il était venu demander. Si coupable il est, ce n'est pas dans l'insoumission qu'il a témoignée mais dans la recherche d'une réassurance que personne ne pouvait lui donner. Il est allé jusqu'au bout de sa pulsion ; il n'a pas reculé. Quelle inconscience ! Quel investissement excessif ! Quel manque de confiance en soi ! Mais a-t-on jamais confiance en soi lorsque l'on opte pour un recours divinatoire ? Cela ne traduit-il pas toujours une faille dans la considération de sa personne ? Et consulter, n'est-ce pas déjà se soumettre, décliner sa responsabilité, s'innocenter avant l'heure ?

Œdipe se sentait démuni par son départ forcé et imprévu. Peut-être qu'une longue errance l'attendait et le confort matériel et affectif dans lequel il avait grandi n'avait pas contribué à le préparer à une telle destinée. Il se sentait l'âme d'un déserteur, il avait le sentiment d'être banni, rejeté non par les autres mais bien par lui-même.

Œdipe, l'enfant maudit qui s'ignore encore, marcha longtemps. Il ne s'autorisait que quelques rares haltes, juste le temps de reprendre des forces, et il repartait le cœur alourdi par cette distance qui croissait de plus en plus : c'était douloureux mais nécessaire. Et l'attentionné Œdipe était prêt à tous les sacrifices pour épargner les deux personnes qu'il chérissait le plus au monde : sa mère et son père. Il n'osait s'arrêter de peur d'être rattrapé par les voraces haines assassines. Cependant, un jour qu'il se trouvait à un carrefour et qu'il prenait quelque repos, il aperçut à l'horizon un char qui roulait à grande vitesse. Œdipe, au lieu de sagement se placer sur le côté de la route, demeura où il se trouvait : c'est-à-dire au beau milieu du chemin. Naturellement, le char fut bien obligé de s'arrêter et le voyageur, qui n'était autre que Laïos, commanda à Œdipe de s'écarter, sur l'instant, de son chemin.
En fait, Laïos était très pressé. Il lui fallait de toute urgence consulter l'oracle de Delphes. C'est pourquoi il descendit de son char et invectiva Œdipe, sans savoir naturellement qu'il s'adressait à son propre fils, qu'il croyait digéré depuis bien longtemps. Œdipe se fâcha à son tour et s'obstina dans son refus de s'écarter. Déployant alors une force décuplée par tous les affronts cumulés, il tua, à la vitesse de l'éclair, Laios, son père à jamais inconnu, et tous ses malheureux serviteurs. Enfin, tous sauf un, qui plus malin que les autres, était allé judicieusement se cacher dans le talus, pressentant d'emblée l'issue de la dispute. Son bon sens lui sauvait la vie ; mais son imagination mégalomaniaque allait être responsable de bien des malheurs futurs. Œdipe avait donc ôté la vie à quatre personnes, mais plus que cela, il avait tué Laïos. Non pas que la vie des serviteurs eut moins de prix ou de valeur que celle du roi ; mais parce que ceci correspondait au meurtre, bien qu'involontaire et inconscient,

réel quand même, du père et donc, du même coup, à la réalisation du premier terme de l'oracle.
Il reprit sur-le-champ sa route. Il marcha pendant plusieurs semaines, sans que d'autres incidents notoires viennent entraver sa lente mais inéluctable évolution. Il traversa plusieurs villages dans lesquels, chaque fois, on lui réserva, pourtant sans le connaître, un accueil chaleureux. Mais malgré les prévenances et les bons soins dont on l'entourait, il ne se décidait pas à élire dans l'un ou l'autre village domicile. Ce n'était donc que de courtes et agréables haltes ; car, inexorablement, l'envie de reprendre la route se faisait sentir. Non pas parce qu'il avait l'étoffe d'un aventurier, mais à cause d'un réflexe inconscient et puissant qui l'obligeait, presque malgré lui, à repartir comme pour lui signifier que son « destin » se situait ailleurs, en d'autres lieux. C'est ainsi, alors que plusieurs longues semaines s'étaient écoulées depuis la fâcheuse altercation, qu'il avait même fini par oublier, qu'il parvint aux portes de Thèbes, sa ville natale. Et là se trouvait la raison de l'empressement de Laïos à aller consulter l'oracle : le Sphinx.
Cette créature mythique était douée de parole et posait à tout étranger qui s'approchait, désireux d'entrer dans la ville, une difficile énigme. Une foule terrifiée, mais mue par une curiosité malsaine, était amassée, désireuse de voir enfin arriver le génie qui résoudrait ce mystère, non élucidé depuis des mois. Œdipe n'échappa pas à la règle. Dès qu'il parvint à hauteur du monstre, celui-ci lui posa l'énigme : « Dis-moi, noble étranger, quel est l'animal, qui toujours le même, marche sur quatre pattes le matin, sur deux pattes à midi et sur trois pattes le soir ? »
Le monstre retourna alors le fatidique sablier... Tous les cœurs cognaient dans les poitrines, toutes les têtes se tournèrent vers Œdipe, implorantes ; un suspense terrible s'installa... Chacun scrutait le visage du héros et pouvait constater aux rides qui barraient son front, au froncement des sourcils, que celui-ci était en plein travail de réflexion. Et puis, soudain, on vit son visage se détendre, son regard s'éclairer et un sourire se dessiner sur ses lèvres, on sut alors qu'il avait vaincu les perfides pièges du monstre. Il donna, d'une voix assurée et forte, la solution : « c'est l'homme » dit-il. Et devant la justesse de sa réponse, le Sphinx se

jeta du haut de la falaise d'où il siégeait et se fracassa contre les rochers dans un cri atroce... mais ô combien libérateur. La foule se déchaîna, applaudissant, riant et pleurant tout à la fois et Œdipe devint dès lors l'objet de l'admiration de chacun.

Œdipe, triomphateur du Sphinx, fut donc acclamé par la foule thébaine en mal de héros. Tout ce succès ne manqua pas de le griser et il se prit à être heureux et surtout à oublier la détestable prédiction. Satisfait de lui, considérant qu'il avait mené rondement ses affaires, Œdipe savourait avec délice le sentiment de toute-puissance que lui inspiraient toutes ses victoires : l'évitement de l'oracle, la victoire de la force, et enfin, le triomphe de l'intelligence avec la résolution des énigmes du Sphinx, invaincu par tous ceux qui l'avaient précédé. Bref, il se considérait comme un être parfait. Mais il était excusable, n'est-ce pas là les diaboliques tentations qui se présentent à tout héros ? N'est-ce pas là aussi les prétentions séductrices auxquelles même le héros ne résiste pas ? En pleine puissance de ses facultés physiques et intellectuelles, Œdipe à dix-huit ans semblait déjà avoir atteint les hautes cimes d'une réussite tant désirée. Car il était ambitieux et avide de pouvoir. Il ne faut pas oublier que le jeune homme avait été élevé dans le plus grand luxe et qu'étant seul héritier de son père, il devait lui succéder à la tête du royaume. Mais toutes ses belles promesses d'une destinée heureuse s'étaient vues anéanties par le maudit oracle de Delphes.

Bien heureusement pour lui, le sort semblait lui sourire malgré tout ... et il comptait bien en profiter.

Seulement son bonheur n'était pas complet ; et les circonstances, encore une fois positives, allaient vite lui apporter ce qui lui manquait : une femme. En effet, Jocaste était veuve depuis quelques semaines et pensait déjà à reprendre époux. Et Œdipe, de par son entrée en scène remarquable et remarquée, représentait un excellent parti ; non pas parce qu'il était riche : il ne possédait rien ; ni parce qu'il était noble : on ignorait d'où il venait ; mais parce que la population thébaine l'avait spontanément adopté et Jocaste, à son insu, se révélait une bonne démocrate puisqu'elle pensait d'abord à satisfaire son peuple.

De plus, il était vraiment bel homme, ce qui ne faisait que rajouter à son prestige. Le mariage fut donc décidé sur-le-champ.
Le serviteur rescapé, bien qu'ayant reconnu en Œdipe le meurtrier de Laïos et de ses compagnons, ne le dénonça pas. La peur explique beaucoup de silences. En fait, celui-ci, après s'être judicieusement sorti d'affaire, en se mettant à l'abri derrière un talus, s'empressa de rejoindre Thèbes. Le Sphinx, bien que déjà présent et attaché à sa sinistre mission, ne s'opposa pas à son retour, puisqu'il était natif de Thèbes et que le passage obligé par l'énigme ne concernait que les étrangers à la ville. Arrivé au palais, faisant preuve d'un excellent art d'interprétation, il rapporta sa malheureuse aventure. Cependant, comme il arrive souvent, et l'anecdote n'est pas rare, afin de donner une image honorable et valorisante du rôle qu'il avait joué, il opéra quelques arrangements avec la réalité, se faisant ainsi passer pour un héros. Il avait, disait-il, dû combattre contre un groupe de plus de dix hommes, armés jusqu'aux dents, et en était ressorti, à force de courage et de bravoure, seul vainqueur alors que tous ses compagnons, dont le roi Laïos, avaient succombé aux coups de l'ennemi. Aussi, comment, après avoir évoqué un groupe d'hommes armés, pouvait-il se dédire ? Il serait accusé de parjure alors, et le mensonge n'est-il pas le pire des crimes. Œdipe, quant à lui, ne pouvait l'identifier puisqu'il ne l'avait pas vu lors de l'altercation qui l'opposait à Laïos, sinon il l'aurait supprimé !
Le mariage fut célébré dans une débauche de fastes, de luxe, de musique, de plateaux débordants des mets les plus rares, des vins les plus recherchés. Tout le pays était en liesse, une âme nouvelle lui était insufflée. Personne ne semblait regretter Laïos... pas même Jocaste !
Thèbes fut récompensée de ce choix. Elle connut des années de prospérité sans pareille. La ville, débarrassée du funeste Sphinx, accueillait et commerçait à nouveau. Du cordonnier au berger, tous avaient retrouvé une paix de vivre dont ils avaient été longtemps privés. Le couple royal s'entendait bien et on se plaisait à dire que la reine et le nouveau roi était parfaitement bien assortis. Chacun se réjouissait de cet amour et des charmants fruits qui en naquirent. En effet, Jocaste put enfin

connaître les joies d'une maternité, que le cruel oracle lui avait refusée quelques années plus tôt. Et ils eurent quatre enfants : deux fils et deux filles, remarquable équilibre !

Œdipe se révélait être un bon père, soucieux de l'éducation de ses enfants, ainsi qu'un excellent chef d'état, contribuant pour une large part à l'essor économique de son royaume. Il se montrait juste et équitable et aucun reproche ne lui fut jamais adressé quant à la manière de mener ses affaires. Peut-être que ses ascendants royaux participaient à cette aptitude à gouverner... Mais, un jour, la roue entama sa sinistre rotation et du sommet vers lequel elle avait porté le héros, elle amorça sa rapide et douloureuse descente. Commença alors la plus terrible et la plus redoutée des chutes : la peste...

La dévastatrice maladie s'abattit sur la ville, soudainement, sans prévenir, sans être invitée. Et elle débuta dans l'instant sa marche destructrice et meurtrière. Egalement, triste compagne, la stérilité se répandit sur toute chose et tout être. Plus une femme n'enfantait. Celles qui portaient déjà le fragile embryon de vie le perdaient dans d'affreuses souffrances. La Terre-Mère, elle-même, fut frappée de ce fléau. Plus rien ne poussait, plus rien ne vivait ; la ville agonisait et la famine ne tarda pas à s'installer. Ainsi, après quelque quinze années d'opulence et de trompeuses richesses, le royaume entier connaissait le plus atroce des destins : le désespoir avec son cortège de pleurs, de plaintes intolérables, de cris de détresse ; avec ses yeux creusés, ses corps squelettiques, ses ventres bombés à force d'être vides ; avec ses bouches closes d'enfants qui ne rient plus.

Devant ce spectacle insupportable d'un peuple qui se meurt, Œdipe décida d'agir rapidement. Après avoir tenté quelques sanglants sacrifices, spectaculaires mais inutiles, dont le seul effet avait été d'accroître la famine, on se résolut, puisque toute action devait implicitement être accréditée par les dieux, à consulter l'oracle.

Créon, frère de Jocaste, fut chargé de cette précieuse mission. Il se rendit à Delphes, lieu sacré où siégeait la prêtresse d'Apollon et en revint, quelques semaines plus tard, avec un message on ne peut plus clair : il fallait venger Laïos. Les dieux en colère, qu'on n'eut jamais châtié, voire même recherché, l'assassin de l'ancien roi de Thèbes, déchaînaient sur la ville tous ses fléaux afin que l'on s'activât à cette juste et légitime tache. Il est vrai que les dieux avaient mis beaucoup de temps et que cette divine réaction paraissait bien tardive pour un forfait commis quelque quinze années plus tôt.

La chose était donc simple : il fallait laver le sang par le sang. Mais, la difficulté, c'est que l'on ignorait qui était le meurtrier. Finalement, on n'était guère plus avancé. Il était nécessaire pour soulager les plaies purulentes d'une ville qui se gangrène de punir l'assassin d'un roi depuis longtemps oublié. Tout cela était bien fâcheux : car, le temps pressait, et si l'on voulait qu'il reste encore quelques témoins, à peu près en état de marche, pour assister au procès de l'assassin, il fallait se dépêcher. C'était une véritable course contre le temps, bataille qui s'annonçait difficile car la peste était rapide et, il faut bien le reconnaître, partait gagnante. C'est sans doute, comme on le voit parfois, la raison pour laquelle on envisagea de proclamer n'importe quel innocent coupable. On fut donc effleuré par la facile et économique solution de duper les dieux. Mais les résidents de l'Olympe, s'ils avaient beaucoup de faiblesses, étaient quand même suffisamment intelligents et perspicaces pour ne pas se laisser prendre à un si médiocre stratagème. Tout ce que l'on risquait, c'était de décupler la colère divine car si les dieux prenaient un pervers plaisir à jouer des tours pendables aux mortels, ils détestaient en revanche que leur auguste personne fasse l'objet de moquerie.

Il fallait donc bel et bien trouver le véritable coupable et en finir une bonne fois pour toute avec cette pénible affaire. D'un certain côté, tout le monde estimait que la colère olympienne était juste et fondée ; en effet, on avait vite oublié Laïos et, finalement, à l'époque, on ne s'était guère occupé d'appliquer la justice, trop dévoré par les élancements de joie suite à la libération du Sphinx, également trop débordé par les cérémonies de mariage de l'homme trop vite porté en héros et de la veuve trop vite joyeuse. Alors, comme il arrive toujours dans ces cas, les remords et les regrets, trop tard exprimés, affluèrent, redoublant de l'énergie d'un emprisonnement trop long, aux consciences fragilisées. Le masque de l'affreuse culpabilité frappait d'horreur tous les complices de cette regrettable mais significative

omission. Aussi, pressé de régler rapidement cette affaire, par volonté de soulager des plaies tant physiques que psychologiques et par désir de retrouver la paix et le bonheur perdus, on se décida de toute urgence à faire appel au plus célèbre des devins : Tirésias.
On dépêcha donc un messager auprès de Tirésias le priant de venir au plus vite, lui faisant entendre que l'avenir et la survie de la population thébaine dépendaient de son bon vouloir. Mais toutes les démarches demeurèrent vaines, le devin ne répondait pas aux appels de détresse. Pourtant, ce n'était pas dans les habitudes du vieil homme que de se faire désirer ; au contraire, il manifestait en temps ordinaire un souci constant de venir en aide à ceux qui se trouvaient dans l'obscurité. Mais là, il paraissait ne pas vouloir s'occuper de cette affaire qui manifestement lui déplaisait... On s'acharna pourtant, on insista tant et si bien que Tirésias se présenta finalement au palais, vieillard aveugle, appuyé sur son bâton de cornouiller. Là Œdipe, de fort méchante humeur, lui reprocha amèrement sa présence si tardive, mais malheureusement encore nécessaire. Il lui exposa ensuite la situation qui, en fait, se résumait en peu de mots. Mais, malgré la brièveté de l'énoncé des faits, Tirésias l'interrompit d'un geste sentencieux, faisant ainsi comprendre à la petite assemblée composée d'Œdipe, de Jocaste, de Créon et de quelques serviteurs, qu'il était déjà informé de l'affaire.
Œdipe commençait à très difficilement contenir sa colère. Son habituel orgueil, qui loin de s'affaiblir avec le temps, s'était au contraire encore plus développé, tolérait mal une résistance au pouvoir royal. Comment un homme, aussi sage fut-il, pouvait-il s'opposer à lui : un héros ?
Tirésias intervint alors, de sa voix lente et grave, pour signifier qu'il ne souhaitait pas s'occuper de cette mission qu'on voulait semble-t-il lui confier. Non pas que le devin fût paresseux ou encore moins peu téméraire mais il avait la sagesse et la prescience qui leur manquaient à tous. Lui savait et estimait les désastreuses conséquences de ses funestes révélations. Car si, jusqu'à présent, chacun s'était arrangé à sa manière, il n'était aujourd'hui plus possible de reculer, la fuite était exclue. Et comment allait être agi l'affrontement ? La confrontation aux

réalités est souvent douloureuse. Quand l'illusion cède lentement la place au réel, lorsque le rêve s'achève, étiolement des fantasmes humains, révélation de la vérité ... Quel homme est capable de relever ce défi ? Là réside la véritable force. Là se révèle la pulsion héroïque. Là se dessine le devenir humain. Là se situe le trépas transcendantal. Là est le passage initiatique... Mais peut-on naître sans mourir ? Peut-on comprendre sans souffrir ?
Tirésias craignait la vulnérabilité de chacun. Le moment n'était pas venu. Pas encore. Personne n'était prêt, suffisamment mûr. La vérité était trop lumineuse pour des aveugles. Mais la ville s'affaiblissait de jour en jour ; tous ses habitants portaient le poids de l'acte sacrilège, car chacun, même l'enfant à naître, même l'âme innocente, même l'étranger, avait une responsabilité. Chacun avait participé, contribué, mis sa pierre à l'édifice. Ce n'est pas un être isolément qui fait l'histoire, même si seul son nom demeure, même si seul son nom est vénéré ou haï, ce sont tous les êtres, rattachés à ce porte-parole volontaire ou involontaire, qui en sont les auteurs. Même si les chaînes sont invisibles aux yeux, elles existent quand même. La sombre solidarité est un principe appliqué à notre insu. Elle n'est pas dans la mobilisation, elle est dans le consentement silencieux. Elle est dans l'absence de réactions ou dans sa trop grande expression. Qui peut se dire innocent ? Chacun voit en l'autre le coupable, et en lui-même, la victime. Mais peut-on dissocier ces deux rôles ? Peut-on séparer ce qui est intimement lié, enfermé dans les tissages experts des scénarios tristement humains ?
Tirésias était un sage ; c'est pourquoi, d'avance il connaissait les réactions suscitées par ses trop réelles déclarations et c'est aussi la raison pour laquelle il désirait se taire. Non pas pour éviter les remords ou les regrets de la paternité indésirée des drames à venir, mais parce que la précipitation n'est jamais avantageuse aux consciences avides et mal préparées. Tirésias aurait souhaité être entendu, que ses propos plongent son auditoire dans la lumière et non dans les ténèbres. Mais, le vieil homme ne se faisait aucune illusion ... ses révélations allaient provoquer un malheur, une terreur beaucoup plus grande que toutes les pestes réunies ; mais aussi, se disait-il, philosophant

intérieurement, cela est nécessaire pour les autres, pour ceux qui viendront après... pour les enfants d'Œdipe.
Ce que Tirésias dit alors fut assez surprenant et déconcertant. S'adressant à Œdipe, il déclara : « Ce jour te fera naître et mourir à la fois ». Propos tellement opaque que tous les membres de l'assemblée, des plus médisants aux plus respectueux, furent instantanément convaincus que le saint homme délirait. Tant de suspense, tant de frisson, tant de soupçon : pour ça ! Une parole insipide, dépourvue de signification, une invraisemblance verbale...
Œdipe déversa alors toute sa fureur, née de la décevante réplique, sur Tirésias. Le devin accusait stoïquement les coups, les accents dépravés du verbe. Il souriait même, mais d'un sourire triste. Tout était prévu, non ? Y compris les ridicules résistances de la proie qui pressent sa prochaine mise à mort. Œdipe s'entêta. C'est ainsi qu'il accusa bientôt Tirésias d'être lui-même l'auteur et l'instigateur de toute l'affaire. A défaut d'explication, en état d'urgence, il fallait trouver une solution, n'importe laquelle. Et celle-là était pratique. Si Tirésias s'enfermait dans le plus implacable mutisme, qu'il rompait uniquement pour lancer quelques phrases sans fondement, c'est soit qu'il était fou, soit, alors, hypothèse plus vraisemblable et surtout plus arrangeante, qu'il était lui-même le coupable recherché.
Et là, le saint homme se fâcha. Non à cause de l'attaque qui demeurait dans la suite logique du vain combat humain, mais à cause d'une telle inconséquence. Comment pouvait-on être si bête, tellement aveugle ? C'était navrant, désolant... Et les derniers espoirs de Tirésias pour le salut de l'homme s'évanouirent... il fallait accepter le dénouement.
Tirésias révéla alors l'atroce vérité à un Œdipe incrédule. Il l'informa de son triste état. Œdipe était tel que l'avait proclamé l'oracle : le meurtrier de son père et l'époux de sa mère. Coupable malgré lui. Coupable d'avoir fui. Des témoins affluèrent, confortant les dires du voyant alors que tous voulaient croire en sa folie. Ce fut d'abord le serviteur de Laïos ; celui-là même qui s'était échappé lors de la tragique altercation. Pris d'un soudain remords semble-t-il, il vint reconnaître en Œdipe l'assassin de son maître. Devant cette

accusation, Œdipe fléchit. Bien sûr, il ne pouvait nier avoir, dans un passé vieux de quelque quinze années, tué un homme qui l'avait agressé. Le souvenir demeurait encore très vivace. De plus, dans la description donnée par le serviteur, tout concordait avec sa triste aventure : le même lieu, la même époque, les mêmes paroles échangées, jusqu'à la description des vêtements. Le récit du serviteur terminé, Œdipe ne put qu'accréditer l'accusation portée contre lui. Il ne chercha pas à nier alors. Non, au contraire, il avoua qu'effectivement tout portait à croire que l'homme, victime de sa colère, était bien Laïos. Mais si celui-ci se révélait être l'ancien roi de Thèbes, s'agissait-il pour autant de son père ? Cela était impossible puisque ses parents n'étaient autre que Polybe et Péribée. Tout le monde le savait d'ailleurs ici à Thèbes. Alors, de quel droit Tirésias le dénonçait-il comme meurtrier de son père ? Et encore une fois, Œdipe déversa son courroux sur le vieillard.
Cependant, un second témoin intervint. Celui-ci devait porter le coup fatal. En effet, le berger, qui avait recueilli Œdipe, enfant abandonné à une mort jugée nécessaire, vint avouer qu'il avait confié cet innocent nouveau-né aux souverains de Corinthe et que ceux-ci s'étaient empressés de l'adopter pour leur plus grand bonheur. Jocaste, mue par un sombre pressentiment lui demanda en quel lieu et à quelle époque exactement il avait trouvé l'enfant. Sa réponse lui donna, s'il en était encore besoin, la preuve que cet enfant n'était autre que celui-là même qu'elle avait porté dans son sein. Dans un cri d'effroi, Jocaste s'enfuit. Laissant là un Œdipe de plus en plus décontenancé. C'est alors, pour achever un terrible constat qui ne restait plus à faire, qu'un messager se présenta à la Cour, annonçant, dans la foulée des vérités dures à entendre, que Polybe juste avant de s'éteindre d'une mort naturelle d'ailleurs, avait reconnu qu'Œdipe, bien qu'enfant à tout jamais chéri, n'était pas son fils de sang mais que sa femme et lui-même, accablés par la stérilité qui frappait leur couple, avaient adopté cet enfant, qu'ils considéraient comme leur véritable fils. Avant de mourir, le roi de Corinthe tenait à s'acquitter de ses devoirs, non seulement en révélant à Œdipe ses origines mais également en lui faisant savoir que son état ne remettait nullement en cause ses droits au pouvoir. Il lui

léguait comme cela avait toujours été prévu le royaume de Corinthe. Certes, la vérité était incontournable. Tous les éléments s'emboîtaient à merveille, sans qu'une seule faille puisse encore laisser espérer une méprise. Le choc fut terrible. Il suffisait de quelques minutes pour que toute une série de mensonges, couvés pendant des années, viennent à éclater au grand jour. Durant plus de trente années, la vérité avait été cachée, scellée, maintenue par peur ou par ignorance. Et, elle se relevait, victorieuse agonisante ! Toutes les voix qui, jusque là s'étaient tues, criaient ensemble la douloureuse vérité, comme mues par une volonté de réparation, ou plus vraisemblablement comme soucieuses de s'alléger du lourd fardeau de remords, fruits inéluctables de dérisoires et coûteux mensonges. Qui était responsable ? Quels étaient les véritables coupables ? Œdipe seul était-il l'auteur de ces horribles forfaits ou chacun par désir de se protéger, par instinct de survie, avait-il participé involontairement, mais consciemment quand même, à ces crimes que l'on jugeait odieux. Et quels étaient les véritables crimes ? Etait-ce seulement le parricide et l'inceste ? Ou ceux-là n'étaient-ils que les indésirables rejetons d'un crime plus abominable encore : l'ignorance ? Peut-être aussi était-ce tout simplement l'expression d'un macabre destin, volonté implacable et inéluctable de dieux à figure de démons ?
Œdipe, terrassé par sa nouvelle et détestable identité, entendit soudain un effroyable cri. C'était Jocaste. Il se précipita dans le palais pour découvrir l'horrible fin que son épouse-mère venait de s'infliger. Ne supportant pas cette confrontation à la réalité, Jocaste avait préféré se donner la mort. Et là gisait son pauvre corps de femme brisée. Œdipe, quant à lui, face à l'inextricable, choisit de se mutiler. Il saisit les agrafes d'or qui fermaient le vêtement de celle qui lui avait donné la vie, et s'aveugla.
En quelques heures, Œdipe avait vieilli de plusieurs années. Et c'est un vieillard, méconnaissable, aveugle, qui quitta Thèbes. Ses filles, Antigone et Electre, se chargèrent de l'accompagner dans sa longue errance. Elles devinrent ses guides ; plus encore, elles devinrent ses yeux. Leur quête fut difficile car personne ne voulait héberger un pareil criminel. Tous étaient transis d'horreur, mais de plaisir aussi comme le sont ceux qui nourrissent

quelques attachements pour le sensationnel. On le montrait du doigt, le faisant plus mauvais qu'il n'était, l'accusant de tous les maux, se réjouissant de le voir à présent si misérable. Personne ne compatissait à son malheur. Seulement, il se trouva quand même une âme plus charitable que les autres en la personne de Thésée, roi de Colone. Celui-ci était respecté et aimé pour son sens de la justice, pour son équité, pour sa générosité et pour son courage. Et, en accueillant à bras ouverts l'ancien roi déchu, il ne faillit pas à sa réputation. Il autorisa, plus même il incita, Œdipe à s'installer dans sa ville. Celui-ci vécut encore quelques années avant de mourir tranquillement, doucement, sans faire de bruit. Il quittait un monde dans lequel il n'avait pas su vivre, pour un autre qu'il espérait meilleur. La conclusion peut paraître heureuse. L'oracle éleva une dernière fois la voix pour proclamer, en guise de médiocre pardon, que la ville de Colone serait à tout jamais bénie des dieux, parce qu'elle avait accueilli Œdipe... et elle le fut.

2. Les oracles

Leur importance, tant dans la construction de l'histoire que dans sa signification, est indéniable. Il n'y aurait, à mon sens, pas d'Œdipe s'il n'y avait pas d'oracle. Jean Bergeret confirme ma position lorsqu'il écrit : *« Je défends l'importance du contenu du premier oracle et je crois à son aspect fondamental dans tout le drame non seulement parce qu'il s'agit de l'oracle initial, celui de la naissance, mais parce que le vers qui le rapporte fidèlement se situe ... dans le dernier quart de la pièce, celui qu'il convient, comme dans un bon roman policier, de porter de suite à la connaissance du public (bien qu'il apparaisse chronologiquement comme le préalable du drame) sinon le spectateur ne prendrait aucun intérêt au déroulement d'une intrigue dont il connaîtrait déjà la clef. »*[1]
D'autre part, il me semble que le fait de maintenir le secret sur le contenu de l'oracle permet au spectateur de mieux s'identifier au

1. J. Bergeret : *La violence fondamentale*, p. 45.

héros, en étant comme lui plongé dans l'ignorance de la réalité. Car il ne faut pas oublier qu'Œdipe ne connaît pas ses origines et, par conséquent, les différents actes dont il est l'auteur doivent toute leur dramatisation, toute leur puissance, à cette méconnaissance originelle. Œdipe ignore que cet homme qu'il tue, nommé Laïos, est son père, que cette femme qu'il épouse, nommée Jocaste, est sa mère. Il ne se livre pas consciemment au parricide et à l'inceste. La force du tabou réside dans la délivrance de l'oracle.
La tragédie œdipienne se construit sur trois oracles organisés ; ces derniers suivent un processus progressif et inéluctable.

2.1 Le premier oracle

Il est adressé aux parents avant la naissance d'Œdipe même s'il n'est – pour les raisons théâtrales évoquées par Jean Bergeret – dévoilé, dans sa puissante et véritable réalité, que dans la dernière partie de la pièce. Dans les différentes traductions du texte de Sophocle, l'oracle est exprimé en ces termes : *« il devait tuer ses parents à ce qu'on dit »*[1]. Pour Jean Bergeret, la grammaire grecque ne permet pas de situer clairement lequel des acteurs du drame sera l'auteur du crime et lequel en sera la victime. Il le traduit ainsi : *« avoir l'intention de tuer, lui, les parents, telle était la sentence ».*[2]

Il est donc impossible de déduire s'il s'agira d'un parenticide ou d'un infanticide. Ce qui, par contre, est certain, c'est la nécessité de supprimer l'une ou l'autre partie. Parents et enfant ne peuvent coexister, l'un doit nécessairement être éliminé. L'oracle fonctionne sur le mode binaire, le code informatif du un ou du zéro, de l'un ou de l'autre, de lui ou d'eux. Il ne supporte pas l'alternative et porte un interdit sur la conjonction « et ». D'autre part, l'oracle initial ne fait pas allusion à l'inceste mais porte uniquement sur la simple loi du survivre et du devenir.

---

1. *Idem*, p. 43.
2. *Idem*, p. 43.

Dans l'épisode du Cithéron, il est dit *« Œdipe doit être tué par ses parents pour éviter qu'il ne tue ses parents »*[1] ce qui, pour Bergeret, selon la logique mathématique, aboutit au théorème réciproque complémentaire qui est : *« Si ses parents ne tuent pas Œdipe, c'est lui qui les tuera »*[2]. Je continue cette extrapolation en amenant l'équation suivante : si Œdipe tue ses parents, c'est qu'ils ne l'auront pas tué. Ceci introduit la notion d'une logique temporelle avec une conception liée du temps : le passé étant à l'origine de l'avenir, l'avenir intervenant comme conséquence du passé. Jeu de répercussion, loi de cause à effet, il y a réaction en chaîne.

2.2. Le deuxième oracle

Il est adressé directement à Œdipe ; ce dernier étant reconnu comme devant *« s'unir à sa mère »* et *« devenir (à l'optatif futur) le meurtrier du père qui l'a engendré ».*[3]

Le premier terme de l'oracle concerne le comportement incestueux, le deuxième comporte le meurtre du père. Ainsi donc, par rapport à l'oracle initial, il y a une progression dans la connaissance de l'avenir puisqu'une information supplémentaire (d'importance) est délivrée. Jean Bergeret explique à ce sujet : *« Il est tout à fait certain que dans une telle énumération des forfaits, surtout au théâtre, l'effet doit se présenter comme progressif et que le dernier forfait cité est celui qui est logiquement considéré comme le plus réprouvé par le surmoi socioculturel de l'époque. »*[4]

Ce qui est intéressant dans le second oracle est l'évolution qu'il marque en regard du premier. Tous deux ont en fait la même fonction divinatoire, c'est-à-dire qu'ils consistent à déterminer un avenir. Seulement, dans le second, il n'y a plus deux possibilités : puisqu'Œdipe n'est pas mort – donc n'a pas été tué par ses

1. J. Bergeret, *op. cit.*, p. 47.
2. *Idem*, p. 47.
3. *Idem*, p. 49.
4. *Idem*, p. 50.

parents – il ne peut que les tuer (maintenant la victime de la violence meurtrière est spécifiée : le père).
Tout se passe comme si, ayant franchi une première étape, ayant survécu, Œdipe ne pouvait qu'éliminer l'autre partie. Le contrat était fixé d'avance : on ne peut que s'y conformer.
L'ordonnance de l'oracle vaut qu'on l'étudie. Je précise que l'interprétation que je fais ici est personnelle, même si elle s'étaie sur l'écrit de Jean Bergeret. Le premier terme concerne l'inceste et constitue de fait la première allusion, première formulation de cette relation incestueuse. Elle est faite sur un ton directif, sans évitement possible. Il ne peut en être différemment ! Or, si l'on se réfère à l'oracle initial, les deux parents père et mère – étaient menacés et désignés pour le meurtre. Je suppose donc que, d'après la logique divinatoire et l'implacabilité divine, il y a nécessairement respect du premier oracle ; c'est-à-dire, qu'à mon sens, il s'agit bien pour Œdipe de tuer ses parents, ses deux parents. Nul ne précise le lieu, le moment, ni le comment. C'est de mort physique dont parle le second oracle pour le père et de mort psychique pour la mère. En fait, il semblerait que l'inceste pour Œdipe soit une manière de donner la mort à la femme qui lui a donné la vie.
Seulement, comme il serait impensable de parler de marricide (J. Bergeret souligne combien le terme est tabou[1]) le crime est sous-tendu par l'acte incestueux ; celui-ci correspondant à une façon perverse et insidieuse de tuer la mère (Jocaste d'ailleurs, en apprenant la vérité, se suicide). Il y a donc bien résolution du premier oracle avec un terme supplémentaire, que je considère comme décrivant un moyen plus qu'une fin, le terme de l'inceste n'amenant pas d'éléments à proprement parler nouveaux sur le devenir œdipien.

2.3. Le troisième oracle

Il se situe dans l'après, Laïos étant mort des mains d'Œdipe et Jocaste étant devenue l'épouse de son fils. Cet oracle est spécifique puisqu'il répond au désir de savoir d'Œdipe (alors que

1. J. Bergeret, *op. cit.*, p. 54.

pour les deux premiers, ce n'était pas le cas). Face aux malheurs qui sévissent sur Thèbes, Œdipe, pour tenter de ramener la paix et la prospérité dans la ville, s'adresse aux résidents de l'Olympe. Il lui faut connaître d'une part, la raison du mécontentement des dieux et d'autre part, l'expiation, le sacrifice qui pourraient les satisfaire et réparer le mal.

Créon, chargé d'intercéder auprès des dieux, ramène le message selon lequel, pour enrayer le mal, il faut venger le meurtre de Laïos. Désirant plus d'informations, face à une situation d'urgence, devant l'inextricable, Œdipe s'adresse au devin Tirésias. Celui-ci se montre réticent à donner les renseignements exigés. Œdipe, à force de provocations, parvient à délier la langue du devin qui lui délivre alors le troisième oracle : Œdipe est le meurtrier de Laïos, il a tué son père et épousé sa mère, il finira seul, aveugle et abandonné de tous.

Ce dernier oracle s'élabore comme la synthèse des précédents et comme annonciateur de nouveaux événements. Il dénonce (au passé) les forfaits d'Œdipe et il annonce (au futur) les conséquences de ses actes réprouvables. Il s'ensuit effectivement que, devant l'horreur de la réalité, Jocaste meurt et Œdipe se crève les yeux.

Il me faut maintenant reprendre ces différentes données – en particulier le paramètre divinatoire et l'automutilation – qui me permettront de constituer mes hypothèses.

II. Première hypothèse : la dimension divinatoire

La pièce se fonde sur deux dimensions : la dimension divinatoire et la dimension réelle ; c'est-à-dire la réalité projetée et la réalité avérée. Dans l'organisation du mythe, la première précède toujours la seconde ; l'évolution processuelle du récit respecte en ce sens une constante qui est la réalisation des oracles.

Cette hypothèse a pour objet d'introduire une définition de l'acte divinatoire, de déterminer le rôle joué par l'oracle – en d'autres termes, par le voyant. Comme en témoigne Jean Bergeret, tout est contenu dans l'oracle initial. Celui-ci n'est ni de l'ordre de la multiplicité, ni de l'ordre de l'unicité mais de l'ordre de la dualité. Il repose sur une alternative qui se construit sur la conjonction « ou » et qui exclut le « et » : c'est ou l'un, ou l'autre : ce ne peut être les deux.

Le temps, dans cette tragédie, est envisagé comme une route unilatérale sur laquelle on ne peut qu'avancer. Il y a certes une intersection, carrefour du commencement, alternative de l'oracle, mais une fois l'orientation décidée, et surtout agie, il n'y a plus de choix possible. En ce sens, le deuxième oracle est conséquence du premier. Il informe directement Œdipe et présuppose que tout est décidé. Œdipe ayant survécu, la violence meurtrière doit obligatoirement frapper ses parents. On passe du permissif au directif, du projeté au réalisé, du possible au réel. On est dans la fatalité, cruel destin œdipien. Le troisième oracle comporte un facteur nouveau : il parle de passé et d'avenir. La différence, par rapport aux deux premiers, est simplement dans le changement de temps et de ton : autre conjugaison pour autre ambiance. Il accuse et condamne.

A mon sens, tout le drame de la pièce réside dans l'opposition connaissance/ignorance. Car, il s'agit bien du rapport du sujet au savoir. Ce qui permet de se pencher sur la fonction pratique de l'oracle. En d'autres termes : à quoi sert-il ?

L'acte divinatoire a le rôle d'informer, c'est-à-dire de donner des renseignements qui, en particulier, sont affranchis de toutes limites temporelles et spatiales. Dans le cadre d'Œdipe, l'oracle délivre la parole divine, c'est de prophétie dont il s'agit. Les dieux, par son intermédiaire, font connaître aux humains leur destin attaché à la volonté suprême.

Il serait illusoire de chercher à définir l'indéfinissable, de vouloir théoriser des phénomènes alors qu'on ne dispose pas des matériaux nécessaires pour le faire. Plus que remettre en question notre système usuel de pensée, c'est le monde environnant dans son entier qu'il nous faudrait reconsidérer. *« Une théorie satisfaisante nous fait défaut qui nous aiderait à saisir la nouvelle et inquiétante évidence qui met en question non tant notre compréhension de la psychologie... que notre conception de l'univers physique.* »[1]

C'est pourquoi, je ne m'offre pas d'expliquer l'inexplicable – par les références qui sont nôtres – mais il me paraît cependant indispensable d'essayer de donner une définition de la voyance, d'envisager quelle est la fonction de la divination. Ainsi, en référence à la problématique posée, il sera possible de dégager la dissidence qui existe entre le rôle que je me proposais de jouer initialement et celui que je joue dans le quotidien des consultations. En fait, pour le voyant, il s'agit bien de révéler l'inconnu, d'accéder à un savoir ne souffrant pas de limites. Deux interrogations se posent, dès lors, concernant le phénomène divinatoire : la première se situe au niveau du mode de transmission des informations, la deuxième au niveau de la connaissance révélée.

1. Le contenant

« Se demander comment le message est transporté, c'est implicitement le concevoir comme une idée qui, par magie, sortirait toute armée du cerveau d'un individu, pour s'envoler et se poser sur la tête d'une autre personne, un peu plus loin. C'est par là même se figurer que non seulement la transmission de pensée, mais aussi la pensée tout court, peuvent ou pourront un jour se théoriser comme phénomènes qui ont pour cadre notre espace-temps. »[2]

Pour différents auteurs, Deutsch, Farrell, Montrelay, et en particulier Freud, la voyance reposerait sur un phénomène de l'ordre du transfert de pensée. Elle s'originerait sur une communication empruntant des procédés psychiques archaïques ; c'est-à-dire qu'elle n'utiliserait pas les véhicules habituels,

1. D. Farrel : *Transmission de pensée, refoulement et avenir de la psychanalyse chez Freud*, p. 99.
2. M. Montrelay : *Lieux et Génies*, p. 123.

ne fonctionnerait pas sur les mécanismes sophistiqués du langage. Dès lors, quelle sorte de signifiant emprunte le signifié ? Il est difficile de répondre. Toutefois, tout système divinatoire s'origine dans l'attribution d'un sens prédictif à des éléments spécifiques. Ceux qui défendent la « voyance pure », sans utilisation de support, évoquent une transmission directe, généralement par voie visuelle, de l'information[1]. Ceux qui, à l'inverse, utilisent des techniques divinatoires, confèrent à leur objet une fonction représentative. Ce qui concerne le consultant (son environnement, son histoire) est dans l'échantillon de lui-même qu'il donne à gérer – à interpréter – au voyant. C'est la fonction homéopathique de la magie qui repose sur la loi de continuité et qui donne la célèbre équation : la partie vaut le tout.. Le tirage des tarots, les lignes de la main, le tracé d'encre sont identifiés au sujet. Il est tout entier compris et représenté dans cette parcelle, manifestation de son être. Une des propriétés de cet espace consiste à rendre possible des corrélations entre des zones apparemment distantes, non seulement dans l'espace mais aussi dans le temps. Ainsi, passé-présent-futur et différents points spatiaux communiquent entre eux. L'univers est envisagé comme un Tout organisé et dynamique.

A ce sujet, le psychotique[2] semble offrir un modèle de cette transmission télépathique, lorsque, à distance de sa mère ou de son père, il répercute leur pensée. Les travaux de Spitz, sur un autre registre, ont mis en évidence qu'il s'établissait une communication infra-verbale, un « dialogue tonique », entre le nouveau-né et sa mère.

En fait, le signifiant n'est pas représentable. La communication se fait sur un mode empathique. Elle procède de l'intuition, qui est communément définie comme l'accès à une connaissance sans le recours au raisonnement. *« En ce sens la relation par*

1. Ce qu'il est convenu d'appeler : « flashs ».

2. Dans la psychose, il se produit une rupture entre la réalité et le moi. De ce fait, le moi reconstruirait une nouvelle réalité plus conforme aux désirs, ce qui entraîne le délire (vivre dans son imaginaire, « prendre ses rêves pour des réalités »). Or, justement du fait du développement de l'imaginaire, le psychotique est soumis à ces perceptions : c'est un sensitif.

empathie implique un passage par la voix réfléchie du verbe et de la pulsion : se voir et s'entendre dans l'autre, se faire passer dans l'autre. »[1]

2. Le contenu

Après avoir exposé le mode de transmission sur lequel repose la divination, c'est-à-dire le contenant, il est nécessaire de s'intéresser au contenu. De quoi est constituée cette connaissance ?

Je vais tenter d'en donner une explication en me référant à la psychanalyse, et en particulier à la première topique exposée par S. Freud, en 1900, dans le chapitre VII de L'interprétation des rêves. Cette topique, « géographie du psychisme humain », définit trois systèmes qui sont l'Inconscient, le Préconscient et le Conscient. Entre chacun de ces systèmes, Freud situe des « frontières » dont le rôle est de contrôler le passage d'un lieu psychique à un autre. Chaque partie est spécialisée avec son propre mode de fonctionnement et des contenus représentatifs spécifiques. *« S'il fallait faire tenir en un mot la découverte freudienne, ce serait incontestablement en celui d'inconscient. »*[2]

L'expérience analytique a montré que le psychisme humain n'était pas réductible au conscient. En ce sens qu'il est constitué d'autres « contenus » qui ne sont pas accessibles au système préconscient-conscient. Certains besoins, désirs, traumatismes et conflits, sous le coup du refoulement, sont relégués dans l'inconscient. Ce qui signifie que l'individu n'a conscience, c'est-à-dire connaissance formelle, que d'une partie de ce qui se trouve dans sa psyché. De même, certains événements de son histoire infantile – ou de son passé plus généralement – se situent dans ce lieu psychique ; ils sont en quelque sorte frappés d'amnésie et bien que faisant partie intégrante de l'existence du

---

1. R. Major, P. Miller : *Empathie, antipathie et télépathie dans le processus analytique*, p. 83.
2. J. Laplanche, J. B. Pontalis : *Vocabulaire de psychanalyse*, p. 197.

sujet, celui-ci n'en a pas pour autant de représentations conscientes. Freud nous dit à ce sujet : *« La division du psychique en conscient et inconscient est la présupposition fondamentale de la psychanalyse... Encore une fois et en d'autres termes : la psychanalyse ne peut situer l'essence du psychique dans la conscience, mais doit considérer la conscience comme une qualité du psychique qui peut s'ajouter à d'autres qualités ou rester absente. »*[1]

Dans le texte de 1921, « Psychanalyse et télépathie », Freud, de manière succincte, expose sa position par rapport à l'occultisme[2]. Il dit à plusieurs reprises : « Es gibt gedankenübertratung » (il y a du transfert de pensée). Il prend pour référence deux de ses patientes qui ont consulté des devins. Il s'avère selon l'auteur que, dans les deux cas, les voyants ont effectivement fait des révélations exactes ; c'est-à-dire qu'ils ont découvert des événements qu'ils n'avaient rationnellement pas les moyens de connaître. En fait, pour Freud, ce phénomène s'explique aisément par le fait que les clients, eux, savaient. *« L'analyse nous apprend que ce n'est pas un fragment quelconque de savoir indifférent qui s'est transmis par voie d'induction d'une personne à une autre, mais qu'un souhait extraordinairement fort de quelqu'un peut se trouver une expression consciente légèrement voilée à l'aide de quelqu'un d'autre. »*[3] Il continue plus loin toujours à ce propos : *« L'analyse nous a montré que le contenu de la prédiction coïncide avec l'accomplissement du désir. »*[4]. Ainsi, selon Freud, la divination révélerait ce qui est de l'ordre du désir, conscient ou inconscient. C'est pourquoi, le voyant peut dévoiler certains événements connus (le consultant en témoigne) mais aussi inconnu du sujet. Si l'on part du principe selon lequel certaines formations : désirs, conflits, angoisses, bien que contenues dans la psyché, n'en demeurent pas moins inconnues, c'est-à-dire inconscientes,

---

1. S. Freud : *Le Moi et le Ça* in *Essais de psychanalyse*, p. 223.
2. *In* W. Granoff, J. M. Rey : *L'occulte, objet de la pensée freudienne.*
3. *In* W. Granoff, J. M. Rey, *op. cit.*, p. 27.
4. *Idem*, p. 29.

pour le sujet, il est possible d'envisager l'acte divinatoire. En ce sens, le voyant serait un simple révélateur de ce qui existe dans le sujet. C'est pourquoi, il lui serait possible, par voie inductive, de connaître certains éléments du passé de l'individu, sans que celui-ci en ait fait mention, voire même en ait souvenir. Seulement le voyant, souvent, ne se pose pas la question de savoir de quoi est faite l'information qu'il délivre, ou bien il se contente de se référer à des explications magiques. En d'autres termes, il croit à la valeur de la réalité de ses projections comme le psychotique croit à celle de ses hallucinations, la différence avec ce second étant que le monde environnant lui reconnaît cette valeur.

Comme le dit Hélène Deutsch : *« Si nous croyons à la continuité et à la causalité de la vie psychique et si nous reconnaissons à la compulsion de répétition en nous la force qui lui appartient, nous devons aussi accepter la "prédétermination" psychique et voir également dans sa force constructive une des sources de l'inspiration prophétique. »*[1]

Du fait de l'existence, dans la conception magique de l'univers, d'un ordre dans le temps, l'homme est appréhendé comme portant en lui son passé, son présent mais également son avenir. On retrouve ici la conception liée du temps existant dans le mythe œdipien, avec un avenir intervenant comme la triste conséquence du passé. C'est pourquoi, d'un point de vue divinatoire – et on rejoint là la psychanalyse – la clef est dans le passé. C'est au niveau de l'avant qu'il s'agit d'agir... après, il est trop tard !

Si l'on se réfère au premier oracle, selon la traduction apportée par Jean Bergeret, il est dit : « avoir l'intention de tuer... » et non pas « tuer, lui, les parents, telle était la sentence » ; ce qui suppose que ce n'est pas de réalité objective dont il est question mais de représentation subjective. L'intention ne suffit pas à créer le délit. Le terme envisage l'acte mais ne le détermine pas. C'est pourquoi, « l'erreur originelle » est d'avoir considéré ce qui est de l'ordre du désir comme équivalent à ce qui est de l'ordre de

1. H. Deutsch : *Processus occultes en cours d'analyse*, p. 38.

l'accompli. L'appréhension de l'oracle s'est faite par les différents acteurs du drame, en excluant cette probabilité initiale, en prenant le latent (le potentiel) pour le manifeste (le réel).
Il n'est pas exprimé dans la prophétie d'obligation. La pulsion meurtrière d'Œdipe ou des parents est évoquée comme une tendance possible, tentation malheureuse (intention du lat: tendere = tendre vers). La délivrance de l'oracle engendre toujours un comportement spécifique, réaction naturelle et volontaire face à la connaissance nouvelle. Ainsi donc, du côté des parents comme du côté d'Œdipe, il y a une attitude conséquente à l'oracle et visant son évitement.
Pour Laïos et Jocaste, il s'agit de tuer leur fils mais, ne pouvant se résoudre à l'infanticide, ils chargent un esclave de commettre à leur place cet acte sacrilège. Ils ont de fait bien l'intention mais, l'avenir le montre, la réalisation ne suit pas. Pour Œdipe, la « destinée » est plus ambiguë. Ayant à son tour connaissance de la cruelle prophétie – le deuxième oracle – Œdipe, pour conjurer l'horreur annoncée, fuit ses parents, c'est-à-dire ceux qu'il croit être ses géniteurs: Polybe et Péribée. Il se conforme à sa croyance.
S'étant chacun, le couple parental et le fils, acquittés de leur tâche respective, fardeau encombrant, ils se sentent délivrés de la menace. Or, c'est là où est la démesure[1] : penser pouvoir aussi facilement défier et échapper à l'inéluctable et terrible destin. Ces deux réactions indiquent que l'oracle a été envisagé de manière brute, sans traduction aucune. Tous se sont conformés aux prérogatives, sans déceler dans l'oracle l'ambiguïté qu'il contenait.
La problématique de la pièce devient celle de l'ignorance. Le rapport d'Œdipe au savoir se fonde sur l'erreur. Œdipe tue son père et épouse sa mère par ignorance. Il est victime de sa propre méconnaissance. Et, c'est sans doute là que réside tout le drame de la pièce, dans l'ironie du sort, dans l'absurdité du fatal. C'est parce qu'Œdipe ignore ses origines qu'il commet ses crimes. La clef du destin œdipien n'est pas dans le futur mais dans le passé,

1. « l'Hubris » dont parle Jean Bergeret.

elle n'est pas dans la connaissance de son avenir mais dans la reconnaissance de son antériorité.
C'est pourquoi des deux côtés, l'évitement a échoué. Si Œdipe avait connu ses origines, se serait-il livré au parricide et à l'inceste ? Mais, pour connaître ses parents, il aurait fallu, soit que Jocaste et Laïos élèvent leur fils auprès d'eux – c'est-à-dire qu'ils renoncent à le supprimer –, soit qu'Œdipe cherche et découvre la vérité sur ses véritables géniteurs.
Aussi, tout porte à croire que si le destin se réalise dans les termes prévus par l'oracle, c'est parce qu'il y a eu économie, solution de facilité. C'est pourquoi, il est possible d'avancer que la prophétie n'a de valeur que celle qu'on lui donne et surtout qu'elle ne traduit pas l'inéluctable, le fatal. Si Œdipe avait su, peut-être que le cours des choses aurait changé. Or, ses deux parents, en l'éloignant, le maintiennent dans l'ignorance et Œdipe, de son côté, ne cherche pas à savoir. Ce qui me conduit à la seconde hypothèse.

III. Deuxième hypothèse : la cécité œdipienne

« Ainsi, la divination, prétendant décharger l'homme du fardeau de sa responsabilité, ne fait qu'en réaffirmer l'autonomie, tout en lui donnant les moyens tant désirés par son masochisme, de se considérer trahi et trompé, toujours victime de la malveillance du sort et de ses caprices. »[1]

1. Variation autour de termes

Les voyants constituent les devins, pythonisses, sorciers, mages, magiciens, prophètes du 20e siècle. En effet, la dénomination est récente et participe en quelque sorte à la rénovation de l'image de l'acte divinatoire. Les devins conjecturent, c'est-à-dire trouvent le sens caché de manière intuitive sans

---

1. G. Devereux : *Considérations psychanalytiques sur la divination*, p. 470.

le secours d'un raisonnement systématique ; les sorciers et les magiciens, au-delà de leur capacité prédictive, agissent en procédant à divers rituels ; les prophètes délivrent la parole et la volonté divines, leur prévision ont un caractère théologique... les voyants, eux, voient.

L'appellation met donc l'accent sur la transmission des informations sur le mode visuel mais aussi précise la spécificité de ces derniers : les voyants étant uniquement des récepteurs, ils n'agissent pas et ne font que recevoir des images, connaissances visuelles, qu'ils rendent accessibles à la compréhension d'autrui (les fameux « clichés » ou « flashs » si souvent évoqués !).

Alors voir, il faut voir... Voir si elle va changer de travail, s'il va se marier, s'il est en bonne santé, si elle doit divorcer, s'il va guérir. Le voyant devient une machine à tout voir ! Voir : un mot plein de sens, un petit signifiant pour de nombreux signifiés.

Le voir est souvent synonyme d'avenir, en témoignent les expressions telles que : « on verra » (l'avenir départagera), « voir loin » (avoir de l'ambition), « voir venir » (apercevoir à distance ou pressentir ce qu'une personne attend de nous), « je vois ça d'ici » (se représenter une scène fictive). Mais voir, c'est aussi prouver, avoir de l'expérience : « tu vois ! » ou « il n'a encore rien vu », « ni vu, ni connu » donc si on ne voit pas, on ne connaît pas et à l'inverse, si on voit, on sait « au vu et au su de tous ».

Gérard Bonnet, dans son ouvrage, souligne la différence radicale qui existe entre la pulsion qui consiste à voir et la pulsion qui consiste à être vu : *« Il apparaît... qu'il s'agit dans le premier cas d'un courant actif et dans le second cas d'un courant narcissique. »*[1] De plus, le terme de voyant coïncide avec l'avènement de l'audio-visuel. Nous sommes dans l'ère du primat de la vue et du voir. Les techniques contemporaines sacralisent cet organe des sens qu'est l'œil. L'image permet, mieux que tout autre moyen, l'élaboration de la vie fantasmatique. D'autre part, elle est affranchie de toute contrainte. Sa force réside sans doute dans sa capacité à voyager dans le

---

1. G. Bonnet : *Voir-être vu*, p. 40.

temps et dans l'espace. Témoin d'un passé révolu (photographie) ou au contraire vision d'un avenir possible (cinéma fiction), l'image-reine satisfait la réalité comme le fantasme. Elle permet de jouer sur la croyance, puisqu'elle occupe l'espace de l'imaginaire, et sur la non-croyance, elle a valeur de preuve.

De plus, le terme de voyant présuppose que si l'agent de la divination est désigné comme voyant, le consultant devient, par contrecoup, non-voyant[1]. Ce qui me permet d'introduire l'analyse de l'automutilation œdipienne.

2. Expiation ou châtiment?

Œdipe, ayant connaissance de la terrible vérité c'est-à-dire saisissant la clef de son destin qui est dans ses origines – s'aveugle. Il se crève les deux yeux avec les agrafes d'or qui fermaient les vêtements de Jocaste. Son acte succède au suicide de son épouse-mère. Lorsqu'il s'inflige cette douloureuse punition, il s'exclame : *« Ainsi ne verront-ils plus, ni le mal que j'ai subi, ni celui que j'ai causé ; ainsi les ténèbres leur défendront-elles de voir désormais ceux que je n'eusse pas dû voir, et de connaître ceux que, malgré tout, j'eusse voulu connaître. »*[2]

L'automutilation peut prendre sens à différents niveaux. Selon Gérard Bonnet, elle correspondrait à la castration, sorte de punition contre la mauvaise utilisation de son sexe. Les yeux seraient identifiés au phallus, pénis fautif et meurtrier, suite à la relation incestueuse. D'autre part, Jean Bergeret l'interprète comme l'abandon d'une position de chercheur et de vainqueur. Œdipe, glorieux, ayant su résoudre l'énigme du Sphinx, se verrait ainsi réduit à l'infirmité corporelle et mentale. L'acte prend naturellement valeur d'expiation, à la douleur physique s'ajoute le handicap psychique. Ne plus voir crée un état de dépendance.

---

1. A ce sujet, d'ailleurs, les nganga africains parlent « d'ouvrir les yeux » lorsqu'ils procèdent à une initiation à la divination in E. de Rosny : *Les yeux de ma chèvre*, p. 253.
2. Sophocle : *Œdipe-Roi*, p. 274.

Pour pouvoir s'exiler, le héros mutilé aura besoin d'un messager (ce sera sa fille Antigone), il lui faudra dorénavant voir par les yeux d'autrui.

Comme il a été dit précédemment, Œdipe est dans l'ignorance, dans l'illusion, la Maya des Hindous. Ses yeux, organes sacrés ne lui ont pas permis d'éviter les directives de l'oracle, de trouver ses origines. Il n'a, par conséquent, pas su voir. Ce qui est souligné à plusieurs reprises par le devin Tirésias :

« Tu ne sais pas voir celui qui loge chez toi. »[1]

« Tu me reproches d'être aveugle ; mais toi, toi qui y vois, comment ne vois-tu pas à quel point de misère tu te trouves à cette heure ? »[2]

« Sais-tu seulement de qui tu es né ? »[3]

Devant les accusations du devin, Œdipe se met en colère et ses répliques donnent la mesure de son degré d'ignorance :

« Dans la fureur où je suis, je ne cèlerai rien de ce que j'entrevois. Sache donc qu'à mes yeux c'est toi qui as tramé le crime, c'est toi qui l'as commis. »[4]

Cet échange montre à quel point Œdipe est dans l'erreur ; car toute la tragédie œdipienne est dans la force de l'illusion. Œdipe s'est maintenu dans l'ignorance au lieu de chercher la vérité. En témoigne la scène du repas où un homme ivre l'appelle : « enfant supposé » ; le héros, au lieu de remettre en question à ce moment-là ses origines, fuit, en réaction à l'oracle, des parents qui ne sont pas les siens. Il ne relève pas le défi. Et c'est seulement lorsque tous les forfaits sont commis, qu'il désire connaître toute la vérité. En quelque sorte, il a l'attitude juste, celle du chercheur justement, trop tard[5]. La tirade de Tirésias, lorsqu'il va lui révéler la vérité, le montre clairement : *« Ce jour te*

1. *Idem*, p. 257.
2. Idem, p. 257.
3. Idem, p. 258.
4. Idem, p. 258.
5. Puisqu'en fait c'est la première fois qu'Œdipe consulte de lui-même.

fera naître et mourir à la fois »[1]. Du point de vue symbolique, naître équivaut à connaître ses origines et mourir équivaut à se priver de la vue.

Ainsi, c'est parce qu'Œdipe n'a pas su utiliser ses yeux, parce qu'il n'a pas su voir, qu'il est victime d'un destin aussi cruel. Le comportement incestueux et le meurtre du père ne sont que les conséquences d'un crime plus horrible encore : l'erreur, résultat de l'ignorance. C'est bien parce qu'il a eu « les yeux plus grands que le ventre » (yeux = désir / ventre = réalité), qu'Œdipe a eu cette fin tragique (sa démesure lui a coûté « les yeux de la tête » !). Il est possible maintenant de confronter ce qui constitue le mythe à la réalité pratique de la voyance. En fait, il s'agit bien pour le consultant de voir mais de voir à travers les yeux du voyant. On peut en déduire que le recours à la divination intervient comme réponse à la faillite de ses propres yeux. Tout comme Œdipe, c'est parce que le consultant ne sait pas voir, ou ne peut pas voir, qu'il consulte. En d'autres termes, il s'adresse au voyant lorsqu'il est aveugle, c'est-à-dire aveuglé par la réalité (trop cruelle ou trop compliquée). Ainsi, il délègue le pouvoir de la vue à cet autre lui-même qu'est le voyant. Celui-ci, pense-t-il, bénéficie d'une vue meilleure, plus juste et plus claire (la clairvoyance). C'est par l'abdication du sens visuel que le consultant s'en remet aux yeux (et non pas aux mains) du devin. Dans cet espace de la cécité, il peut jouir du privilège d'être considéré, aimé et assisté. *« Quelle jouissance narcissique plus complète peut-on imaginer que de se voir à partir de ce que voient les autres... »*[2]

Le voyant, substitut d'Antigone, devient le guide aimé et fiable. Mais là ne s'arrêtent pas les vertus de la cécité « narcissique », car ne plus voir, c'est avoir les yeux fermés. Donc, ne plus pleurer, ne plus souffrir, ne plus regarder. Avoir les yeux fermés, c'est aussi dormir et donc rêver et Freud a montré combien les productions nocturnes avaient une valeur compensatoire et pouvaient satisfaire des désirs non accomplis dans la réalité

1. Idem, p. 259.
2. G. Bonnet : *Voir-être vu*, p. 34.

objective. André Green[1], lui, à propos de la scotomisation[2], parle d'une *« excessive érotisation du regard »*. Il ajoute que celui-ci *« se tourne vers le dedans où d'autres aventures l'attendent »*.
D'autre part, si l'on se réfère à Saint-Thomas, le voir autorise le croire, même plus : il le garantit. Ne dit-on pas qu'il faut le voir pour le croire. Seulement, parfois les yeux sont faillibles car il arrive « de ne pas en croire ses yeux ». Alors, dans ce cas, on fait confiance aux yeux sacrés de ceux qui ont le pouvoir suprême, le don si souvent évoqué de voyance. Et, s'il s'agit pour le consultant d'être vu, il s'agit pour le voyant d'être cru. Ce qui m'amène à la troisième hypothèse.

IV. Troisième hypothèse : d'Œdipe au consultant

Synthèse des deux précédentes, cette troisième et dernière hypothèse se propose de mettre en évidence le comportement du consultant en réaction, d'une part à l'ambiguïté de l'oracle, et d'autre part, à la position de dépendance qui s'instaure par rapport au voyant.
En fait, c'est par défaut d'y voir clair, que le consultant croit dans ce que voit le voyant. Ou encore, c'est à cause de son incapacité à traduire - et déjà comprendre – l'oracle qu'il charge le voyant de la responsabilité de l'interpréter.
Je citerai comme référence à cette hypothèse, le troisième oracle que le devin Tirésias dispense à Œdipe :
« Il y voyait : de ce jour il sera aveugle ; il était riche : il mendiera, et, tâtant sa route devant lui avec son bâton, il prendra le chemin de la terre étrangère. Et, du même coup, il se révélera père et

1. A. Green : *Un, Autre, Neutre : valeurs narcissiques du Même*, p. 39.
2. Mécanisme par lequel le moi se défend d'une impression pénible en la faisant disparaître du champ de conscience (vient de scotome : tâche immobile qui cache une partie du champ visuel et qui dépend d'une lésion du nerf optique). D'où, le procédé psychique revient à « s'aveugler » : préférer ignorer, ne pas voir.

frère à la fois des fils qui l'entouraient, époux et fils ensemble de la femme dont il est né, rival incestueux aussi bien qu'assassin de son propre père ! Rentre à présent, médite mes oracles, et, si tu t'assures que je t'ai menti, je veux bien alors que tu dises que j'ignore tout de l'art des devins. »[1]
Ce dernier oracle pose directement le problème du rapport de l'individu à la prédiction. En effet, le terme « médite » est une invitation à réfléchir. Ce qui laisse supposer que tout n'est pas donné et que, pour accéder à la compréhension de l'oracle, il est nécessaire de le penser. Aussi, pour la première fois, Œdipe adopte un comportement différent. Il cherche à savoir si la prophétie est vérité ou mensonge. Ce n'est donc plus une fuite en avant, projection dans l'avenir, qui vient en réaction au message divinatoire mais un mouvement contraire, actif et volontaire, qui tend à retourner aux sources de ses origines.
Comme l'explique Georges Devereux : *« En acceptant un oracle... l'homme accepte la responsabilité de lui attribuer un sens et se reconnaît ainsi – au moins implicitement – le créateur de sa propre destinée. »*[2] Et c'est bien de cela dont il s'agit pour Œdipe car s'il accorde crédit à l'oracle, du même coup et inévitablement, il se définit comme le responsable de son histoire passée comme future.
La première hypothèse a montré le défaut initial et fondamental dans la perception de l'oracle ; la deuxième hypothèse s'est définie comme la conséquence de cette erreur originelle ; cette troisième hypothèse pose la question suivante : comment alors est perçu l'oracle ? Autrement dit, comment le consultant se positionne par rapport au message divinatoire ?

1. Du défaut de mentalisation

Dire que l'oracle est ambigu[3], c'est implicitement affirmer qu'il nécessite une traduction. J'ai supposé précédemment, proposi-

1. Sophocle, *op. cit.*, p. 260.
2. G. Devereux : *Considérations psychanalytiques sur la divination*, p. 470.
3 *Idem*, p. 469.

tion accréditée par Freud, que le message divinatoire pouvait être constitué des désirs ou des angoisses – donc des potentialités – du sujet. Lorsque le voyant révèle des situations connues du consultant, et par conséquent vérifiables par celui-ci, l'interprétation se fait aisément, par un dialogue de part et d'autre. Si, par contre, le message divinatoire s'élabore à partir de contenus « inconscients » – en tout cas, inconnus du consultant –, l'interprétation est rendue nettement plus difficile.
Il s'agit alors d'éléments bruts, primaires qui nécessitent d'être « secondarisés ». Ils doivent en fait être transformés ; c'est la fonction alpha de Bion. La transformation correspondrait au passage d'un mode perceptuel à un mode conceptuel, du registre affectif à un registre intellectuel. Or, cette fonction transformatrice ne peut être remplie par le voyant, car ce n'est pas dans ses possibilités. Si, par exemple, la prédiction fait état d'une mort. Celle-ci peut être interprétée à différents niveaux : il peut s'agir de mort physique, de mort psychique, de la mort d'un emploi ou encore de rupture des liens avec la personne en question... (de même que dans le mythe œdipien, l'inceste apparaît égal à un meurtre). Le voyant parlera alors de mort et ce sera au consultant de savoir de quel type de mort il est question.
En fait, ce que le voyant interprète, ce sont les différents symboles avec lesquels il travaille. Mais, le produit de sa voyance nécessite une deuxième interprétation, qui elle revient au consultant. En fait, le travail de lien, c'est-à-dire la capacité à relier entre eux les différents éléments donnés par le voyant, seul le consultant peut le faire. Or, souvent il ne le fait pas. Pourquoi ?
En fait, une telle attitude serait profondément active, voire activiste, et s'opposerait ainsi, par excellence, au souci de passivité et de dépendance dont le consultant témoigne. Il est vrai que cette perspective est pour le moins paradoxale. On s'adresse au voyant pour savoir et il faudrait « méditer », mentaliser, ce qu'il dit ! C'est donc par refus d'être dans la position, ô combien éprouvante, du chercheur que le consultant consulte.
Ainsi donc, si le consultant n'est pas dans la position du chercheur, dans quelle position est-il ? Selon Bernard Chouvier, chargé de conférence à l'Université de Lyon II, le comportement opposé est celui de croyant. Il souligne combien sont différents

l'objet ainsi que l'investissement du chercheur et ceux du croyant. Car, s'il s'agit pour le chercheur de chercher, il s'agit pour le croyant de trouver.

2. Du voir au croire

La voyance, tout comme la magie, est par définition objet de croyance[1]. Elle repose sur l'affirmation : « j'y crois » (un peu, beaucoup) ou sur la négation : « je n'y crois pas » (vraiment, du tout). Ainsi, il n'est de rapport à la voyance que de croyance ; car dire : « je n'y crois pas », c'est s'affirmer en déni par rapport à la divination et donc c'est aussi quelque part croire, au moins en la réalité de l'objet.
Parler de croyance nécessite une définition du terme. Bernard Chouvier classe la croyance divinatoire dans la catégorie des croyances primaires. Il définit ces dernières comme correspondant aux processus psychiques primaires (d'où leur nom). Leur charge affective n'est pas neutre, l'investissement pulsionnel est massif. Elles sont totalement irrationnelles car elles ne peuvent faire valoir un recours à l'objectivité. Elles ne font donc pas référence aux logos et ne disposent que d'une argumentation se satisfaisant de référents purement subjectifs. Leur seule justification est d'exister. Bernard Chouvier les distingue des croyances secondaires qui, schématiquement, fonctionnent sur le modèle opposé. Pour Gustave Lebon, la croyance trouve son origine dans l'inconscient et constitue une puissance mobilisatrice considérable.
Edgar Morin, lui, en matière de divination, parle de croyance clignotante. *« La croyance clignotante, croyance ambivalente, est née de la conjonction et du conflit entre l'esprit moderne et rationnel et l'esprit archaïque magique. »*[2] En ce sens, il la définit comme étant latente et surgissant à certains moments-clefs de l'existence de l'individu. Il suppose qu'elle oscille entre objectivité et subjectivité et qu'elle met en présence deux ordres différents :

1. M. Mauss : *Sociologie et anthropologie*, p. 84.
2. E. Morin : *La croyance astrologique moderne*, p. 114.

l'Inconscient et l'Empirique. Selon lui, la croyance magique se réveillerait lorsque toutes les autres modalités défensives seraient empêchées. Elle s'élaborerait donc sur un mouvement ambivalent d'émergence et de refoulement alternatifs.

Il est vrai que, dans la réalité pratique des consultations, on retrouve ce jeu d'investissement et de retrait dans cet objet que constitue le voyant. A côté de ceux qui accordent un crédit total et permanent à la divination (croyance primaire définie par Bernard Chouvier), se trouvent ceux qui mettent des conditions à leur recours (croyance clignotante d'Edgar Morin). Ces derniers consultent selon différents critères. Ce peut être une question de situation (uniquement lorsqu'il y a un choix ou un grand danger, par exemple), une question de domaines (pour le travail ou au contraire une question de techniques (ne consulter que des astrologues ou ne s'adresser qu'aux seules cartomanciennes) ou encore une question de personne (n'avoir confiance que dans « son » voyant, comme Nicole). Ces conditions varient selon que l'on s'attache à l'objet lui-même ou au mode d'investissement.

La voyance, quoi qu'il en soit, se fonde sur une relation affective. Le message divinatoire est appréhendé de manière primaire, sur le mode de la croyance. Aussi, *« pour alimenter cette croyance, l'individu s'appuie sur toutes les preuves subjectives et personnelles qu'il peut évoquer, oubliant ainsi la relativité de ses propres expériences et faisant d'un fait isolé et particulier, un événement général et universel. »*[1] Le consultant se met dans une position de dépendance maximale. Or, ce comportement, fonctionnement psychique spécifique, qui interdit toute forme de mentalisation, se voit confirmé et augmenté dans nos sociétés industrialisées reposant sur le modèle de la consommation passive. C'est le règne du produit fini – déjà mâché, voire prédigéré – qui invite à ne plus penser, ne plus réfléchir, ne plus agir.

1. *Idem*, p. 114.

Chapitre 2 : approches théoriques

« ... l'écart demeurant à jamais entre plaisir et réalité, le destin de l'homme est lié à un certain malheur de l'être. »[1]

I. Selon Georges Devereux

Georges Devereux est sans aucun doute le psychanalyste qui a effectué le plus de recherches sur l'occultisme. De son point de vue, la divination coïncide avec le besoin chez l'homme d'assigner un ordre précis et organisé au monde extérieur. La pulsion divinatoire prend, dès lors, son sens comme la nécessité de contrôler – ou plutôt de s'assurer le contrôle – sur cet ordre subjectif et préétabli.

1. Origine de la pulsion divinatoire

Du fait de sa mobilité, de sa souplesse et de sa flexibilité, l'individu est soumis au mouvement – imprévisible et en tout cas imprévu – du temps. Georges Devereux souligne, à ce sujet, la différence qui existe entre l'homme et l'animal. Il cite, comme exemple significatif, les expériences effectuées avec des rats de laboratoire[2]. Pour que ceux-ci puissent associer un geste mécanique (pousser un levier) à une récompense (une miette de pain), il est nécessaire que la manipulation et la récompense se succèdent en quelques secondes. Dans le cas contraire, c'est-à-dire si le laps de temps se prolonge au-delà, le rat est

1. M. Mannoni : *Le psychiatre, son "fou" et la psychanalyse*, p. 32.
2. G. Devereux : *Considérations psychanalytiques sur la divination*, p. 455.

dans l'incapacité d'associer son attitude volontaire et active à la conséquence qui lui est attribuée. En d'autres termes, du fait de son insuffisance en représentations spatio-temporelles, il ne peut relier, rattacher, la cause à son effet.

Or, le nouveau-né est aussi incapable qu'un rat de laboratoire de relier des points séparés dans un espace-temps trop important. Il ne peut établir, faire des ponts entre la « bonne » mère et la « mauvaise » mère. Winnicott exprime la même idée lorsqu'il évoque la réaction infantile qui vient en réponse à l'absence de la mère[1]. Selon lui, l'expérience du temps ne peut se construire que sur la séparation, c'est-à-dire qu'il ne peut y avoir utilisation des symboles de l'union que si l'enfant est exposé à l'absence de sa mère. Dans ce laps de temps, l'imago s'efface ; le bébé est désemparé et il est remis de son désarroi lorsque la mère revient. Quoiqu'il en soit, l'enfant a éprouvé une coupure, une rupture dans le rythme régulier et sécurisant de son existence, un temps frustrateur et générateur d'angoisse, en particulier d'angoisse de type dépressif. Georges Devereux note :

« Je suis enclin d'énoncer l'hypothèse que c'est précisément cette incapacité initiale du bébé de "construire" des configurations temporelles cohérentes qui – par contrecoup – l'incite à construire des configurations temporelles longues et cohérentes, mais fictives alors qu'il devient adulte. »[2]

Certes, l'homme mature est capable de travailler de longues années en vue d'une récompense (par exemple : l'achat d'une maison). Il lui est possible de s'investir dans une attitude constructive en perspective d'un résultat fixé dans un temps ultérieur. Il y a bien là relation, liaison psychique, entre les différents pôles du temps, classiquement établis comme passé, présent et avenir. Mais, si l'adulte développe son sens de la prévoyance, anticipe en se projetant dans le futur, rien ne lui garantit la réalisation de ses objectifs. Certains événements, imprévus ou soudains, peuvent survenir, empêchant ainsi l'accomplissement des désirs.

---

1. D. W. Winnicott : *Jeu et réalité*, p. 134-135.
2. G. Devereux, *op. cit.*, p. 455.

Face à une telle alternative, qui fragilise et menace le pouvoir humain, l'individu développe la volonté d'un contrôle supérieur, d'une prévoyance parfaite[1]. Il se trouve donc, à un stade plus élaboré, dans la position du nourrisson : insécure et dépendant. Seulement, à la différence de l'enfant, l'adulte n'a pas de garant, de référent, de gardien de son temps. L'enfant, en effet, en réaction à son incapacité de maîtriser l'avenir, pallie sa faiblesse dans l'organisation d'un jeu de promesse et d'engagement (« si je travaille bien à l'école, mes parents m'achèteront un vélo »). Il est, de fait, lié et attaché à l'autorité parentale. Aussi, le système punition-récompense lui permet, par l'intermédiaire du clivage, de prévoir la conséquence de ses actes. Mécanisme, ô combien judicieux, qui évite, tout comme l'oracle œdipien, la multiplicité des alternatives. Le temps, ramené au code informatif binaire, semble alors moins menaçant puisque simplifié à l'extrême.

2. De l'enfant à l'adulte

Il est à ce sujet possible de faire le lien avec ce qui constitue mon histoire infantile. Normalement, les parents suppléent à la menace permanente que représente l'imprévisibilité du temps. L'élaboration d'un cadre familial défini et suffisamment fiable contribue à donner à l'enfant un sentiment de sécurité. Or, il apparaît, en référence à mon expérience personnelle, que mon avenir a été, dans certains moments précis, incertain. Peu importait mon attitude, le danger venait de l'extérieur. De ce fait, si contrôle il devait y avoir, c'était celui de l'action des autres. Ma volonté de demeurer auprès de ma mère dépendait du jugement des tribunaux ; l'ennui, ressenti lors des séjours chez mon père, pouvait être « réparé » par une lettre de ma mère ou de mes grands-parents ; l'angoisse de l'attente devant la fenêtre était apaisée par le retour maternel. Il s'agissait donc pour moi de

1. Jacques Maître souligne que, dans le même temps où le recours à la voyance connaissait un nouvel essor, on assistait au développement de systèmes de prévoyance de l'avenir (retraite, assurance) in *La consommation de l'astrologie dans la France contemporaine*, p. 441.

m'assurer le contrôle du temps mais, encore plus, de m'assurer de l'attitude d'autrui puisque mon avenir en dépendait. Mon orientation prend donc sens comme le désir – ou plutôt la nécessité – de (pré) voir l'action des autres, survivance de l'indécision perçue dans ces situations antérieures. Mon bonheur était entre des mains extérieures et, même si j'étais au cœur de l'événement, je n'en étais pas pour autant responsable. Face à la frustration générée par cet état de dépendance, il fallait, afin de soulager l'angoisse dépressive, que je m'attribue un rôle actif. L'intermédiaire des jeux de cartes, objets transitionnels par excellence, me permettait la maîtrise magique de la situation. C'est sans doute ce qui peut expliquer ma profession actuelle, car être voyant consiste à satisfaire le rôle actif : voir.

En suivant cette hypothèse, l'enfant qui au contraire évolue dans un environnement sécurisant, envisageant son avenir comme préétabli par ses parents, peut ressentir, devenu adulte, le besoin de conserver cette garantie originelle. Ainsi, ce sentiment infantile se reflétera au stade adulte par *« le besoin de consulter les devins et les oracles, pour savoir non pas ce qu'on fera (action positive, censée être peu efficace) mais ce qui nous arrivera (attitude passive, résultant de forces irrésistibles). »*[1]

D'autre part, la croyance divinatoire présente comme avantage de réactualiser le système archaïque punition/récompense.

La récompense intervient comme l'accomplissement, naturel et mérité, du désir ; la punition permet d'expier ses fautes et ses erreurs pour pouvoir à nouveau tendre à la réalisation de projets.

La pensée de Georges Devereux s'articule sur la nécessité – ou plutôt sur le désir de l'homme perçu comme nécessité – d'éviter l'imprévu. Ses hypothèses sur l'explication du recours au voyant se résument, de manière synthétique, lorsqu'il dit : *« dans la divination, il s'agit donc d'un effort pour surmonter l'angoisse qu'inspire l'incapacité de l'homme de prévoir son avenir, puisque de tous les états cognitifs, le doute est le plus angoissant. »*[2]

1. G. Devereux, *op. cit.*, p. 456.
2. G. Devereux, *op. cit.*, p. 463.

Dans une telle perspective, il semble que deux alternatives se présentent : se résigner ou se conformer à l'établissement de pseudo-connaissances, qui si elles sont subjectives n'en sont pas moins efficaces. Le recours au voyant apparaît dès lors comme une attitude réductionniste visant à ramener l'imprévisible au prévisible, l'irrégulier au régulier, l'inconnu au connu. A ce sujet, Edgar Morin avance très judicieusement l'idée que la faiblesse de l'homme *« n'est pas l'ignorance, c'est de ne pouvoir accepter l'ignorance. »*[1]

II. Selon Sigmund Freud

Tout d'abord, il est nécessaire de définir la position de S. Freud par rapport aux phénomènes occultes. Georges Devereux souligne que l'un des mouvements les plus remarquables dans l'histoire de la psychanalyse est le désintéressement massif pour l'occultisme[2]. Il semblerait toutefois que ses successeurs se soient montrés encore plus réticents, voire récalcitrants, à se pencher sur ces questions que S. Freud lui-même.

1. Freud et l'occultisme

En effet, le père de la psychanalyse s'est, à certains moments, interrogé sur l'existence des phénomènes dits paranormaux et, en particulier, sur la communication télépathique. En témoigne cette lettre écrite à Ernest Jones, le 15 mars 1925, dans laquelle il dit : *« Ferenci se trouvait ici récemment, un dimanche. Nous avons tous trois – Anna Freud étant la troisième personne – procédé à des expériences de transfert de pensée... Les expériences se sont révélées étonnamment réussies, celles,*

1. E. Morin : *La croyance astrologique moderne*, p. 134.
2. G. Devereux : *Psychoanalysis and the occult.*

en particulier, où j'ai joué le rôle de médium et analysé ensuite mes associations. La chose devient urgente pour nous. »[1]
En 1921, année où S. Freud rédige le texte « Psychanalyse et télépathie », il écrit, dans une lettre adressée au chercheur Carrington, ce qui suit : *« Si j'avais ma vie à revivre, je me consacrerais à la recherche psychique plutôt qu'à la psychanalyse. »*[2] En 1929, cependant, il dément formellement la paternité de tels propos. Sa position traduit donc une ambivalence certaine ; il pressent la nécessité de porter une réflexion sur ces phénomènes, c'est-à-dire de les appréhender d'un point de vue psychologique, voire scientifique, mais, dans le même temps, il redoute l'utilisation malhonnête d'une pareille contribution.
S. Freud ne refuse pas les faits, c'est la crédulité à laquelle ils donnent lieu qui l'inquiète. Ainsi, bien qu'il écrive : *« Il ne va pas de soi que le renforcement de l'intérêt pour l'occultisme signifie un danger pour la psychanalyse. Entre les deux, c'est au contraire à une sympathie réciproque que l'on aurait pu s'attendre. Ils ont en commun d'avoir subi de la part de la science officielle le même traitement dédaigneux et hautain. »*[3], il ajoute plus loin : *« La grande majorité des occultistes n'est pas poussée par une soif de savoir, ni par la honte de la négligence et de la méconnaissance où la science s'est tenue par rapport à des problèmes indéniables, ni par le désir de s'approprier de nouveaux champs de phénomènes. Ce sont au contraire des gens convaincus qui recherchent des confirmations, qui veulent une justification pour avouer ouvertement leur croyance. »*[4] C'est la raison pour laquelle, dit-il, il a refusé les nombreuses propositions de collaboration que lui avaient adressées certains occultistes.
J'ai déjà évoqué, à propos de l'oracle, l'analyse que S. Freud

---

1. E. Jones : *La vie et l'œuvre de Sigmund Freud*, p. 329.
2. *Idem*, p. 329.
3. Cité dans le livre de W. Granoff et J.M. Rey : *L'occulte, objet de la pensée freudienne*, p. 13.
4. *Idem*, p. 13.

avait élaboré dans son écrit de 1921 : le message divinatoire interviendrait comme révélateur des désirs ou des angoisses, refoulés ou non, du sujet. Pour cette partie théorique, je m'appuierai sur des textes plus « classiques », bien que sans liaison apparente ou directe avec mon objet d'étude.

Le choix d'étayer ma pensée sur celle de S. Freud s'explique d'une part, par la qualité de ses travaux et d'autre part, par son cheminement personnel. En effet, S. Freud est, à l'origine, parti de l'hypnose, c'est-à-dire d'une technique chargée de représentations idéales et mythiques. Il abandonne en 1897 l'utilisation thérapeutique de l'hypnose pour différentes raisons – attitude trop directive, participation passive du patient, échecs secondaires – mais également, et c'est ce que je retiendrai particulièrement ici, parce que l'hypnose comportait un passé, un bagage mythique, trop lourd.

De même, si on se réfère à ses recherches sur le rêve, il apparaît que c'est à partir d'un matériel lourd d'a priori, chargé d'idées toutes faites, baignant dans le magique et l'inexpliqué, que S. Freud a élaboré une « science » nouvelle. Il s'est donc employé à une double tâche qui était la création d'une théorie à partir, et en les remettant en cause, de théories anciennes, à tel point ancrées dans les mentalités qu'elles sont encore en vigueur aujourd'hui.

Ainsi, les travaux de Freud sur le rêve sont capitaux aussi bien en ce qui concerne la genèse de la psychanalyse qu'en ce qui concerne l'histoire de l'être humain. Lorsque l'auteur a entrepris son étude, le rêve faisait l'objet d'explications variées, mythiques ou mystiques. Les philosophes l'assimilaient à une élévation de l'âme. Les médecins et les scientifiques de l'époque n'y voyaient qu'une réaction à des excitations corporelles et sensorielles, sans consistance psychique. Enfin, l'hypothèse mythologique populaire accordait au rêve un sens prédictif et une dimension surnaturelle.

Aussi, toute la complexité du rêve provient de ce qu'il existe à l'évidence (on le décèle à l'électroencéphalogramme) et de ce qu'il représente une énigme pour la logique des sujets. C'est pourquoi, le courage de S. Freud est d'avoir cherché à comprendre, sans céder à la facilité des solutions économiques (déni ou idéalisation), et de s'être aventuré en terrain à la fois inconnu et trop connu. En introduction à cette partie théorique, je citerai ces propos de S. Freud : *« Remarquons en outre, ce qui est assez intéressant, que la sagesse populaire a raison quand elle prétend que les rêves prédisent l'avenir. C'est bien en réalité l'avenir que le rêve nous montre, non pas tel qu'il se réalisera, mais tel que nous souhaitons le voir réalisé ; et l'âme populaire fait en cela ce qu'elle a coutume de faire ailleurs : elle croit en ce qu'elle désire. »*[1] Ceci rejoint à mon sens la problématique de la divination.

2. La voyance : une satisfaction substitutive

S. Freud dans « Malaise dans la civilisation », ouvrage, à mon sens, entre l'étude psychologique et l'essai philosophique, définit le but poursuivi par l'homme comme étant le bonheur : *« les hommes veulent être heureux et le rester »*[2]. Ce projet capital, et générateur des autres désirs, s'organise selon deux mouvements : d'une part, éviter la douleur, la frustration et d'autre part, rechercher et obtenir la jouissance. Or, comme le dit l'auteur : *« si le programme que nous impose le principe de plaisir n'est pas réalisable, il nous est permis pourtant – non, disons plus justement : il nous est possible – de ne pas renoncer à tout effort destiné à nous rapprocher de sa réalisation. »*[3]
Il semble que S. Freud aurait, s'il avait dû le faire, classé la voyance dans la catégorie des satisfactions substitutives, au même titre que l'art, la religion ou encore la toxicomanie. En fait, le recours au voyant présuppose le déplacement de la libido inhibée quant au but. En d'autres termes, il permet de compenser de manière économique un désir non satisfait dans la réalité. Plus d'un moyen est mis à la disposition du sujet pour qu'il puisse bénéficier, de manière imaginaire s'entend, de la jouissance que procure l'accomplissement du désir. Ainsi, la

---

1. S. Freud : *Le rêve et son interprétation*, p. 93.
2. S. Freud : *Malaise dans la civilisation*, p. 20.
3. *Idem*, p. 29.

divination répondrait au besoin de retrouver le « Moi purement hédonique » et le « sentiment océanique » dont parle l'auteur[1]. Je m'attarde volontairement peu sur la valeur compensatoire de l'acte divinatoire puisque j'ai déjà évoqué à plusieurs reprises cet aspect. Dans le cadre de cette partie théorique, c'est plus la genèse de la pulsion divinatoire qui m'intéresse que ce qu'elle apporte effectivement à l'être humain.

3. La croyance magique au 20ᵉ siècle

La civilisation s'origine, pour S. Freud, sur la vie en groupes. Les individus isolés se rassemblent pour former des communautés. Or, ce mouvement unificateur est restrictif, c'est-à-dire qu'il impose l'élaboration d'un système de codes, de lois et de référents. L'être humain perd donc partie de sa liberté en échange d'un cadre plus sécurisant mais moins permissif. *« En ce sens, l'homme primitif avait en fait la part belle puisqu'il ne connaissait aucune restriction à ses instincts. En revanche, sa certitude de jouir longtemps d'un tel bonheur était minime. L'homme civilisé a fait l'échange d'une part de bonheur possible contre une part de sécurité. »*[2]
Prévoir irait donc directement dans le sens de la volonté de s'assurer de la pérennité et de l'éternalité de ses actes. C'est pourquoi, il y a angoisse du lendemain, qui est intensifiée par la dépendance, résultante d'une vie groupale et sociétale. L'homme contemporain est placé dans un réseau de relations qui l'oblige à agir – et surtout à réagir – en fonction de son environnement. Il est donc indispensable pour sa quiétude psychique qu'il puisse anticiper l'attitude d'autrui. La prévenir, la connaître à l'avance, c'est déjà se donner l'illusion de ne plus y être soumis, donc d'en être le responsable.
Ce phénomène apparaît nettement en matière divinatoire puisque les interrogations du consultant portent principalement sur le comportement de l'entourage. En fait, ce qui échappe dans

1. *Idem*, p. 15.
2. *Idem*, p. 69.

la quotidienneté peut être envisagé dans le cadre de la consultation. Est-ce que je peux avoir confiance en telle ou telle personne ? Est-ce que mon supérieur m'accordera une augmentation ? Ou encore, comme se le demande Monique : suis-je aimée ? Autant de questions qui visent à ne plus être tributaire, en tout cas passivement, de l'action, des sentiments, du comportement de l'autre.

Dans son ouvrage « Totem et tabou »[1], S. Freud distingue trois grandes phases dans le développement de l'humanité auxquelles il fait correspondre trois grands stades dans le développement de la libido individuelle :

– la phase animiste correspond au stade du narcissisme. Dans cette position, l'homme s'attribue la toute-puissance.

– la phase religieuse correspond au stade d'objectivation (avec fixation de la libido aux parents). Dans cette position, l'homme attribue la toute-puissance à Dieu (c'est-à-dire aux parents).

– la phase scientifique correspond à la subordination du choix de l'objet extérieur aux exigences de la réalité. Dans cette position, S. Freud dit : *« il n'y a plus de place pour la toute-puissance de l'homme, qui a reconnu sa petitesse et s'est résigné à la mort, comme il s'est soumis à toutes les autres nécessités naturelles. Mais dans la confiance en la puissance de l'esprit humain qui compte avec les lois de la réalité, on retrouve encore les traces de l'ancienne croyance à la toute-puissance. »*[2]

En fait, dans cette troisième phase, il s'agit toujours pour l'être humain d'imposer aux objets de la réalité extérieure les lois de la vie psychigue, que ce soit par des pratiques magiques ou par des techniques scientifiques. Le progrès technologique n'a fait que satisfaire, de mieux en mieux, ce but.

Cependant, dans le même temps où il s'assure la maîtrise de quelque chose, le sujet augmente l'incertitude de cette maîtrise. L'automobile a certes permis à l'homme d'affirmer son pouvoir sur l'espace mais, dans le même temps, cette création a généré un moyen supplémentaire et efficace de mourir ou de porter

1. S. Freud : *Totem et tabou*, p. 105.
2. *Idem*, p. 104.

atteinte à son intégrité corporelle. Au 20e siècle, il y a donc toujours autant d'incertitudes, même si elles sont différentes que celles qui prévalaient dans les siècles antérieurs.
En fait, en des temps plus reculés, dans les régimes féodaux, l'homme n'avait pas d'autres alternatives que de subir son sort. Face aux menaces permanentes, que représentaient la sécheresse, la famine ou les guerres, la religion remplissait parfaitement sa fonction de conteneur, en excusant les « désagréments » de la quotidienneté par l'espoir en des jours meilleurs (le paradis). Cette conception de l'au-delà avait comme double avantage d'assurer, dans un seul et même mouvement, la résignation (devant les difficultés terrestres) et l'espérance (en des réjouissances célestes).
Or, si le progrès technologique a porté préjudice à la croyance religieuse, il n'en demeure pas moins que l'homme se sent lié et attaché au comportement capricieux de forces transcendantes. Aussi, la divination pose la question du rapport de l'homme au destin.
L'individu, parce que la réalité le lui rappelle sans cesse, a nécessairement conscience qu'il n'est pas tout-puissant. Or, il explique cet obstacle à son omnipotence par l'existence de forces extérieures puissantes et supérieures. Ce qu'il nomme « destin » est cet ensemble de facteurs incontrôlés et déterminants.
« Le sort est considéré comme un substitut de l'instance parentale. Si le malheur nous frappe, cela signifie qu'on a cessé d'être aimé par cette autorité toute-puissante. Ainsi menacé de ce retrait d'amour, on se soumet derechef aux parents représentés par le Surmoi, alors que dans le bonheur on les négligeait. Ceci devient particulièrement clair quand on ne voit dans le sort, au sens religieux strict, que l'expression de la volonté divine. »[1]
Aussi, derrière le « qu'est-ce qui m'arrive ou va m'arriver ? », n'y aurait-il pas le « qu'est-ce que j'ai fait ? ». Consulter serait alors implicitement comparaître devant le tribunal « destin » qui serait

1. S. Freud : *Malaise dans la civilisation*, p. 83-84.

chargé de trancher le vrai du faux, le bon du mauvais. A ce sujet, d'ailleurs, il ne faut pas exclure le fait que si « Dieu voit tout », « Dieu est bon ». Les troubles, les malheurs, les difficultés sont ressentis comme des épreuves punitives. Le sujet cherche donc à savoir quel est le crime qu'il paie. Il vit sa situation d'échec comme l'abandon d'une providence généreuse et gratifiante. La perte de l'amour et de la bienveillance de l'objet ne manque pas d'entraîner un sentiment de culpabilité. De ce fait, le recours au voyant répondrait aussi au besoin d'apaiser ce sentiment. En fait, il s'agit de donner du sens à ce qui nous arrive, de ne pas rester dans l'incompréhension de ce qu'on vit.

Dès lors, les attaques et les menaces sont assimilées à une juste punition. On retrouve donc le système infantile de la punition et de la récompense. C'est pourquoi le sujet ne peut, en fait, que retirer un bénéfice – immédiat ou secondaire – de la consultation. Car, dans la mesure où la prédiction va dans le sens d'une période difficile, pénible, douloureuse, cette épreuve sera associée à l'expiation de fautes quelconques. Dans ce cas, la consultation permettra l'apaisement du sentiment de culpabilité. Si, à l'inverse, le message divinatoire promet du plaisir, c'est la récompense naturelle qui advient. Ce qui me conduit à suggérer l'idée que le recours au voyant satisfait à la fois les exigences du Ça et du Surmoi. La voyance représenterait donc ce double avantage.

En fait, le recours au voyant tend avant tout à exclure l'aléatoire. Aussi, il ne peut y avoir qu'une seule issue : l'accès au bonheur, qu'il soit immédiat ou plus tardif. Si l'attente est prévue, si les difficultés sont déterminées à l'avance, elles prennent un sens et elles perdent, par conséquent, leur caractère menaçant ; la préparation à ces périodes d'adversité permet au sujet d'accepter de différer la satisfaction et de tolérer son présent.

III. Selon René Kaës

Les travaux de René Kaës, se rapportant à la crise et à l'idéologie, représentent un terrain propice pour dégager les

différents mécanismes mis en jeu dans le recours au voyant. Toutefois, je resterai prudente quant à l'utilisation de ces matériaux puisque la spécificité et l'originalité de l'auteur consistent avant tout dans l'étude des situations groupales.
C'est pourquoi, étant moi-même placée, dans le cadre de ma pratique professionnelle, dans une relation duelle, j'essayerai de ne pas « mélanger » ces deux champs d'observation, qui présentent des caractéristiques différentes.

1. La crise : capital du voyant

« C'est par la crise que l'homme se crée homme, et son histoire transite entre crise et résolution, entre rupture et suture. Dans cet espace "entre" de vivantes ruptures en mortelles sutures, de fractures mortifiantes en unions créatives, dans cet espace du transitionnel... se jouent tous les avatars du social, du mental et du psychique qui tissent ensemble, quand on se place au lieu du sujet singulier, la singularité d'une personne. »[1]

Comment définir la crise ?
Selon Kaës, la crise se caractérise par un mouvement perturbateur qui comporte des menaces mortifères et qui met en déséquilibre la fiabilité du cadre et la permanence de l'environnement. Son élaboration pose la question de la solidarité des étayages. René Kaës introduit d'ailleurs, à ce propos, la notion d'étayages multiples. Selon lui, le terme sous-tend trois idées : celle d'appui, celle d'identification (la modélisation) et celle d'ouverture[2]. Dans cette perspective, la crise se produit :

- par la défaillance des étais[3]
- lorsque vient à manquer un étayage nécessaire
- lorsque s'abolit l'espace de l'étayage.

1. R. Kaës : *Crise, rupture et dépassement*, p. 3.
2. R. Kaës : *Idéologie, études psychanalytiques*, p. 42-43.
3. Ce sur quoi l'individu se repose.

En d'autres termes, ce mouvement particulier entraîne une déstabilisation, la perte d'un pôle identificatoire et la fermeture, c'est-à-dire l'absence de représentation nouvelle donc de solution. Toute crise est génératrice d'angoisse, et particulièrement d'angoisse de mort. Elle donne lieu à un sentiment d'arrachement, de séparation, de déchirement.

Lors d'une journée-conférence sur la crise, organisée à l'Université Lyon II, j'ai trouvé bon nombre de convergences dans les différentes approches des quatre intervenants. Disons plutôt que leurs discours s'emboîtaient, tissant une trame subtile mais solide. L'historien et l'économiste ont surtout mis en évidence les aspects cycliques et répétitifs des crises. D'autre part, ils ont souligné, l'un comme l'autre, la différence existant entre la réalité et la perception que l'on peut avoir de cette réalité. L'intervention de Jean Guillaumin a apporté des informations concernant certaines phases-clef dans le déclenchement, l'explosion, l'éclatement de situations de crise. On peut citer: l'adolescence, la grossesse, la mise en retraite, la vieillesse. En regard à ces temps spécifiques, il advient que la crise s'élaborerait à partir de situations de changement, au centre de périodes transitoires, au cœur de transformations naturelles et inéluctables. C'est pourquoi, il m'a semblé que tous les intervenants se retrouvaient sur une définition possible de la crise, qui serait une résistance au changement.

René Kaës, d'ailleurs, le souligne lorsqu'il définit l'expérience de la crise en ces termes: *«... une expérience de rupture dans la continuité des choses, de soi, des relations avec notre environnement... »*[1].

Or, cette perspective se rapproche étrangement de ce que l'on nomme incertitude. On retrouve donc cette même problématique de la nécessité de l'homme de s'assurer le contrôle du temps (G. Devereux) et le contrôle de l'action de l'autre (S. Freud). Cette épreuve de rupture et cette désorganisation-destructuration résulte soit de la perte de l'objet, soit de la pluralité des objets.

1. R. Kaës: *Crise, rupture et dépassement*, p. 5.

Elles posent donc soit la question du deuil, soit la question du choix (ce qui d'ailleurs à long terme revient au même).

En outre, la crise traduit un décalage, une inadéquation entre l'intérieur et l'extérieur, entre le projet et la réalisation, entre le dedans et le dehors. C'est en quelque sorte un dérèglement de la normalité ; la réalité déçoit, elle n'est pas conforme à ce qu'on en attendait, elle ne donne pas ce qu'elle nous avait promis.

La situation de Monique en est une fidèle illustration. Déjà sa position est caractéristique. Elle se trouve réellement dans un entre-deux, c'est-à-dire dans l'espace de la rupture. Elle fait douloureusement l'expérience de la discontinuité. Elle est dans la crise, dans ce lieu de l'imaginaire déçu, des désirs meurtris, des espoirs blessés, des rêves annihilés : cruelle dialectique de la crise.

La crise est ainsi vécue comme une attaque perverse, une manifestation diabolique, une maladie honteuse. Elle est la consécration des échecs et des erreurs, des mensonges et des trahisons. Et c'est par le refus de la vivre – et déjà de l'admettre – qu'il faut à tout prix la fuir, la nier, la combattre. Comme le dit René Kaës : *« la positivité de la crise est souvent réduite à un caractère de bénéfice secondaire. Ce qui continue, malgré tout, à prédominer, c'est l'idée centrale de perturbation, et finalement la négativité de la crise. »*[1]

La formulation de mon titre – la crise : capital du voyant – fait allusion aux propos du sociologue Kartz[2]. Selon lui, l'évocation du concept de crise induit nécessairement la notion de victimes et de bénéficiaires. Il est certain que la crise contribue au développement du marché occulte et qu'elle constitue, en quelque sorte, la maladie à soigner. Les voyants sont alors institués, par le public, comme les thérapeutes privilégiés, car efficaces, de la crise.

D'autre part, ce sentiment d'impermanence, ces attaques vitales et cette division interne activent des mécanismes anticrise. Il y a donc nécessairement recherche de solutions, mise en jeu de

1. R. Kaës, *op. cit.*, p. 14.
2. Propos exposés lors de la conférence sur la Crise.

régulations supplétives. Jean Guillaumin[1] a cité, à titre d'exemple, deux types de réponse possible : le suicide et la clochardisation. Le premier intervient comme le retournement contre le Moi propre des pulsions destructives et agressives du sujet ; le deuxième constitue l'abandon d'une position active avec l'aménagement d'une réalité simplifiée à l'extrême permettant de se préserver contre d'éventuelles déceptions (sur un autre registre, c'est un comportement similaire à celui de Nicole). Aussi, un autre type de réponse semble être le recours au voyant.

2. A la recherche d'apaisement

« C'est en effet par la crise que vient la nécessité de chercher un appui, de trouver un renfort et un réconfort. »[2]

Les consultants s'entendent tous pour dire que, s'ils s'adressent à un voyant, c'est parce qu'ils ont des difficultés. Cela constitue, pourrions-nous dire, la logique de la consultation ; il serait absurde d'imaginer qu'on puisse faire une telle démarche sans justification ! Cependant, tout n'est pas aussi simple. Il est vrai que bon nombre de clients sont dans des situations anxiogènes réelles : divorce, problèmes financiers, chômage... D'autres, par contre, évoluent dans un environnement apparemment fiable et heureux mais qui ne leur convient pas. La question est donc réellement d'ordre perceptuel, l'urgence est dans la subjectivité du sujet. De très rares personnes consultent alors qu'elles sont satisfaites de leur actualité et, ici, la démarche est engendrée par un souci de faire le point, de réfléchir. Toutefois, étant donné que ce type de demande ne constitue qu'une très faible minorité (environ 5% des consultations), je n'en tiens, dans le cadre de ce mémoire, que très peu compte.
Si j'évoque donc le concept de crise, c'est parce qu'il y a véritablement dans la démarche du consultant un sentiment de

1. *Idem.*
2. R. Kaës, *op. cit.*, p. 6.

cette nature, non pas nécessairement dans sa réalité extérieure mais dans le vécu de cette réalité. Il y a bien inadéquation entre l'intérieur et l'extérieur, ce qui ne peut être « réparé », « réajusté » que dans un lieu intermédiaire entre le dehors et le dedans. Solution magique, et économique, par excellence, le recours au voyant traduit la volonté du sujet de quitter cette position précaire, menacée et incertaine. La consultation génère un mouvement qui s'élabore en deux temps. En premier lieu, il s'agit d'isoler, d'écarter, de projeter à l'extérieur les menaces mortifères. En second lieu, il s'agit de les contrôler, de les neutraliser, de les anéantir. Processus que M. Klein décrit en ces termes : *« Ayant réussi dans notre esprit à localiser le danger à l'extérieur de nous et à le contrôler, nous procédons alors à une deuxième manœuvre projective, qui consiste à décharger les pulsions agressives en nous sous forme d'une attaque contre le danger extérieur. »*[1]

C'est la reviviscence du mécanisme infantile qui consiste à s'identifier à tous les stimuli générateurs de plaisir et à se dissocier de tous les stimuli douloureux. Système économique qui se modèle sur le fonctionnement physiologique, avec incorporation et rétention de ce qui est bon et expulsion de ce qui est mauvais. Le sujet reproduit ainsi les rouages du métabolisme même. C'est donc par le clivage, résultat des modalités projectives et identificatoires, que le consultant parvient à rejeter au dehors ce qui constitue une menace, le noyau de la crise. René Kaës considère d'ailleurs que c'est l'un des bienfaits majeurs des solutions magiques.

En fait, le point commun à tous les consultants est l'insatisfaction ressentie. C'est parce que l'actualité de leur vie, à un degré ou à un autre, ne leur convient pas, qu'ils viennent consulter. Ceci ne signifie d'ailleurs nullement que leur situation est désastreuse – ou plus simplement problématique – mais il y a, quasiment toujours, l'attente d'un mieux, ce qui est déjà admettre que tout n'est pas tel qu'on le désirerait. René Kaës avance la même idée

---

1. M. Klein : *L'amour et la haine*, p. 22.

lorsqu'il écrit : *« ... c'est du défaut d'être maintenu en deçà que naît celui d'être au-delà ».*[1]
C'est bien cet ailleurs que recherchent Nicole, Monique et Hélène, même s'il est différent pour chacune d'entre elles :

- l'au-delà de Monique est dans l'interruption de l'attente, dans l'extinction de l'angoisse, dans la réalisation de son désir, dans l'union avec son ami ;
- l'au-delà de Nicole est dans le maintien de la relation fusionnelle, dans ses productions imaginaires, dans mon écoute, dans la caution que je lui assure ;
- l'au-delà d'Hélène est dans la confirmation des prédictions de l'autre voyante, dans la possibilité de dissocier la bonne de la mauvaise mère.

La demande du consultant est, en fait, dans l'exclusion du moment présent. Elle est soit dans l'espérance d'un avenir meilleur, soit dans la nostalgie d'un passé regretté. C'est l'ici et maintenant que l'on voudrait ailleurs et avant ou après. Deux alternatives se présentent :

- celle d'une situation connue qui se défait, de relations existantes qui se dénouent, de liens qui se délient. Ici, c'est donc l'intrusion d'éléments nouveaux ressentis comme perturbateurs car comportant une composante inconnue. Ce qui donne d'ailleurs souvent lieu à des sentiments ambivalents, avec à la fois désir et peur, espoir et crainte. *« Dans cet intervalle entre une perte assurée et une acquisition incertaine, que se passe-t-il pour le sujet, alors que des liens nouveaux ne sont pas encore établis comme étant suffisamment sûrs et fiables avec un "environnement" différent, alors même que l'espace psychique et social requis pour articuler l'ancien et le nouveau n'est pas encore constitué, et que le temps est comme suspendu, figé et neutralisé ? »*[2]
- celle, à l'inverse, d'un sentiment de trop vécu, d'un statisme qui

1. R. Kaës : *Crise, rupture et dépassement*, p. 1.
2. R. Kaës, *op. cit.*, p. 21.

rigidifie et qui mortifie la situation. L'ennui, la perte d'intérêt, le retrait progressif, souterrain, s'opèrent au niveau des objets jusqu'alors investis. Là, naît le désir d'un autre temps, de mouvement et d'action. La monotonie et la routine réveillent et réactivent des goûts aventuriers.

La consultation s'élabore également dans la réactualisation des angoisses de mort. Consulter traduit alors le désir de connaître son avenir et déjà d'en avoir un. Quelque part, c'est donc s'assurer que la vie continue, qu'il y a encore un après, un au-delà terrestre.

En outre, la perte de l'objet équivaut à la libération de l'énergie investie ; il y a donc nécessité d'adresser cette « énergie libre, déliée », cette « libido flottante » et de trouver des représentations aptes à la recevoir. On attend donc aussi du voyant qu'il désigne le nouvel objet à investir, qu'il fasse le choix de l'objet. C'est alors, dans cet espace de la consultation, que s'abolit la distance entre le dehors et le dedans, entre le monde et le sujet, entre l'objet réel et l'objet fantasmé.

Une dernière chose est à noter en rapport avec l'effet de contagion auquel peut donner lieu la crise. Il est vrai, d'après mon expérience professionnelle, que plus le contexte collectif extérieur est précaire, fragile, friable, plus se développent et s'augmentent les crises individuelles. Ainsi, dans le discours des consultants, perce ce qui est de l'ordre de l'actualité économique, politique et sociale du moment. Lorsque les médias sont alarmistes, les individus en subissent le contrecoup et ceci accentue, intensifie leur propre sentiment d'insécurité.

En résumé, on a observé que la crise correspondait souvent plus à un sentiment qu'à une réalité. Ce qu'expose le consultant au voyant est de l'ordre d'une représentation subjective, d'un ressenti. Ce n'est pas la chose elle-même qui est remise en question, c'est la relation individuelle que l'on entretient avec elle. Ainsi, la démarche divinatoire constitue bel et bien un mécanisme d'extinction de la crise. Mais, la régulation ne s'opère, en fait, qu'au niveau des perceptions ; la réalité, elle, demeure objectivement la même... l'essentiel étant qu'elle soit subjectivement une autre.

Conclusion : la voyance ou l'autre rêve

En considérant les différentes données qui ont été exposées, il convient de reposer la problématique. En fait, les hypothèses ont éclairé sur la manière dont est envisagé et géré l'acte divinatoire. La partie théorique, elle, a mis en évidence les différents facteurs entrant dans la genèse de la pulsion divinatoire. Le travail de synthèse consiste donc à dissocier ce que le voyant apporte réellement, et donc, par contrecoup, ce qu'il n'apporte pas.

I. Les bénéfices de la voyance

« En somme à partir du moment où on décide de le consulter, tout voyant a du génie... En d'autres termes, le voyant est reconnu, au moment où nous le consultons, comme celui qui possède le génie que nous-mêmes transportons. »[1]

Le décalage, entre ce qu'exige la demande et ce que propose réellement l'offre, proviendrait en fait de cette inadéquation fondamentale qui existe entre la réalité et la perception. Le voyant intervient au niveau perceptuel et non pas au niveau réel,

---

1. M. Montreloy : *Lieux et génies*, p. 125.

ceci apparaît nettement si l'on se penche sur ce qui constitue l'après-consultation. En effet, le terme de la séance révèle un phénomène significatif. Il se trouve alors que la réalité objective est toujours la même ; par contre, le consultant, lui, a changé. Son actualité est similaire à ce qu'elle était 3/4 d'heure plus tôt, mais la perception qu'il en a est devenue différente. Dans un premier temps, la répercussion de la consultation ne se situe donc que dans la subjectivité du sujet ; pourtant, secondairement, c'est la réalité elle-même qui en subira les conséquences : car le sujet, ne percevant plus les choses de la même manière, agira nécessairement différemment.

Ainsi, à mon sens, et selon tous les éléments étudiés précédemment, le voyant peut révéler ce qui est de l'ordre de désirs, donc de potentialités, il peut dévoiler ce qui est en germe dans la personne. Par la suite, le message divinatoire peut inciter le sujet à adopter un type de comportement spécifique. Aussi, il peut permettre d'agir, de changer, d'améliorer, de transformer des réalités. Mais, ceci est fondamentalement fonction du consultant.

Je définirais le voyant comme un pôle identificatoire et une surface de projection. Il a un rôle de conteneur. Sa fonction est d'apporter au sujet une lecture différente de sa réalité et une prise de conscience de ses virtualités. Comme le signifie R. Barthes, la voyance sert *« à exorciser le réel en le nommant. »*[1] D'autre part, l'espace-temps consultation offre un temps d'arrêt ; il constitue en outre un étayage provisoire, fournit au sujet des significations qui lui faisaient alors défaut et lui permet de lutter contre les angoisses psychotiques de morcellement, de séparation, de persécution, de dépression. Par cette reconnaissance d'un tiers, le consultant a le sentiment qu'il existe et, surtout, qu'il continuera d'exister.

---

1. R. Barthes : *Mythologies*, p. 168.

II. Les limites de la voyance

Je crois que ce qui a le plus motivé mon travail de recherche se situe dans ce phénomène : *« ... par exemple, si quelqu'un devait être opéré dans la famille, je suivrais son avis. Je ne joue pas avec ce genre de prédictions... »*[1] J'ai choisi ce témoignage (mais j'aurais pu en proposer un autre) car ce qu'il sous-tend, suggère, suppose, m'interroge. En fait, il est justement là le rapport du consultant au voyant, dans cette confiance totale, dans cette dépendance maximale, dans cette croyance aliénante. En fait, si le voyant était infaillible et tout-puissant, il n'y aurait aucun danger à tenir ce type de discours, mais... il ne l'est pas ! Même le « meilleur » voyant ne peut pas se substituer au médecin et à son diagnostic.

Je reprendrai ici, à mon compte, l'exemple que donne Richard Alouche, afin de mettre en évidence les « travers » du recours au voyant : *« Ainsi, le candidat qui attend les questions d'examen a le trac parce qu'il imagine toutes les questions en même temps ; d'où son sentiment de ne plus rien savoir. C'est quand il aura su à quelle question il faut répondre, qu'il aura donc écarté de son esprit, que l'épreuve lui paraîtra abordable. La précognition agit sur le consultant comme l'eut fait, pour un candidat, une question d'examen connue d'avance. Non seulement, il fait l'économie du trac paralysant, mais de plus, il se familiarise avec l'épreuve, s'y prépare d'avance. »*[2]

Cette analyse est certes valable et intéressante ; pourtant, je suis tentée d'en donner une autre interprétation. En effet, imaginons, selon le même scénario, que le candidat connaisse à l'avance sa question d'examen, mais que cette information soit erronée, autrement dit, imaginons qu'une prédiction du voyant se révèle « fausse ». Que se passe-t-il alors ?
Dans un premier temps : la même chose. Il y a diminution de

---

1. Témoignage d'une consultante de G. de Bellerive, cité p. 170.
2. R. Alouche : *Le parcours du consultant*, p. 122.

l'angoisse et préparation plus efficace puisque concentrée sur un seul sujet. Par contre, les probabilités d'échec sont d'autant multipliées que le candidat – ou le consultant – ne l'avait pas prévu et donc se trouvait totalement démuni. Et pour cause ![1]

Le voyant ne peut pas – pour ne pas dire : ne doit pas – se substituer au libre-arbitre de la personne, car ce serait alors prendre la responsabilité de se poser en décideur de la « destinée » d'autrui. Pourtant, c'est justement là ce qui lui est demandé. Alors, s'il veut satisfaire sa clientèle, il est obligé de se plier à ses exigences. Combien de fois j'ai su que je perdais des consultants parce que je ne leur donnais pas ce qu'ils étaient pourtant en droit de me demander : des certitudes, une garantie totale, la solution facile au problème difficile.

Leur dire que je ne suis pas infaillible, revendiquer haut et fort – pour être entendue – mon droit à l'erreur, c'est de ne pas répondre aux lois du marché. Plus encore, c'est porter atteinte à l'image idéalisée, magnifiée et clivée du voyant.

Alors, la voyance ou l'autre rêve, rêve des consultants aussi bien que mon propre rêve. Rêve d'enfant de vouloir contrôler le temps, rêve d'adulte de vouloir aider les autres. Or, il se révèle que l'un comme l'autre portent véritablement leur statut, à savoir que ce ne sont que des rêves, qu'il serait vain de vouloir réaliser. Ils sont beaux – et nobles sans doute – en tant que rêves, ils sont illusoires et prétentieux dans la réalité.

Il m'a fallu être voyante pour m'apercevoir que contrôler le temps, c'était en fait vouloir l'arrêter. Et le temps ne suspend pas son cours. La vie est un long fleuve, pas toujours tranquille, et souvent incertain, mais qui en tout cas s'écoule. Vouloir ramener

---

1. Par souci de ne pas dramatiser, je prends un cas de figure où les conséquences ne sont pas irréversibles. Mais, il peut y avoir des résultats désastreux suite à des « erreurs d'interprétation ».

« Il y a un mois, un jeune homme était retrouvé pendu. A ses pieds, un horoscope informatique – anodin comme toujours – mais annoté par un gourou astral probablement neurasthénique. La famille a porté plainte. » cité dans l'article d'Evelyne Fallot : *Faut-il croire à l'astrologie ?*, p. 41.

l'irrégulier au régulier, c'est céder au désir de retrouver une position infantile. L'incertitude a cela de bon qu'elle nous oblige à agir, à nous comporter en être adulte et responsable. Connaître son avenir, c'est certes apaiser l'angoisse de l'ignorance, mais c'est aussi se dire trop rapidement : tout est perdu ou tout est gagné. Et, si l'homme peut réduire l'aléatoire, c'est avant tout par des choix et non pas en se conformant passivement à des prédictions faillibles. La voyance n'est que stimulante, préventive ou incitative ; elle ne peut être décisive et définitive.

BIBLIOGRAPHIE

OUVRAGES « CLASSIQUES »

ANZIEU (A.), *Emboîtements* in Le dehors et le dedans, Nouvelle Revue de Psychanalyse, N° 9, Printemps 1974, 57-73.

BERGERET (J.), *La violence fondamentale*, coll. Psychismes, Dunod, Paris, 1984, 251 p.

BERGERET (J.), (sous la direction de), *Psychologie pathologique*, Masson, Paris, 1982, 325 p.

BION (W.R.), *Learning from expérience*, P. Heinemann, London, 1962.

BONNET (G.), *Voir-être vu / aspects métapsychologiques* (II), coll. Voies nouvelles en psychanalyse, PUF, Paris, 1981, 286 p.

BOURDIEU (P.), *Ce que parler veut dire*, Fayard, Paris, 1982, 244 p.

FREUD (S.), *Totem und Tabu*, 1913, G.W., IX. Trad. fr. : *Totem et tabou*, PBF, Payot, 1986, 185 p.

FREUD (S)., *Jenseits des Lustprinsips*, 1920, G.W., XIII. Trad. fr. : *Psychologie des foules et analyse du moi* in Essais de psychanalyse, PBP, Payot, 1984, 117-205.

FREUD (S.), *Das Ich und das Es*, 1923, G.W., XIII. Trad. fr. : *Le Moi et le Ca*, in Essais de psychanalyse, PBP, Payot, 1984, 219-262.

FREUD (S.), *Das Unbehagen in der Kultur*, 1930, G.W., XIV. Trad. fr : *Malaise dans la civilisation*, PUF, Vendôme, mai 1986, 107 p.

FREUD (S.), *Le rêve et son interprétation.* Folio/essais, Paris, 1986, 119 p.

GREEN (A.), *Un, Autre, Neutre : valeurs narcissiques du Même*, in Narcisses, Nouvelle Revue de Psychanalyse, N° 13, printemps 1976, p. 37-79.

GRUNBERGER (B.), *Le narcissisme*, PBP, Payot, Paris, 1975, 348 p.

JONES (E.), *La vie et l'œuvre de Freud*, trad. fr., 3 tomes, Paris, PUF, 1958, 1961, 1969.

KAES (R.), *L'idéologie / Études psychanalytiques*, coll. Psychismes, Dunos, St Étienne, 1980, 284 p.

KAES (R.), *Crise, rupture et dépassement*, coll. Inconscient et culture, Bordas, St Étienne, 1979, 291 p.

KLEIN (M.), *L'amour et la haine*, PBP, Payot, Paris, 1982, 150 p.

KLEIN (M.), *La vie émotionnelle des bébés* in Les stades de la libido, coll. Les grandes découvertes de la psychanalyse, Tchou, Paris, 2e trimestre 1978, pp. 143-163.

LAPLANCHE (J.), PONTALIS (J.B.), *Vocabulaire de psychanalyse*, PUF, Vendôme, 1984, 523 p.

MANNONI (M.), *Le psychiatre, son « fou » et la psychanalyse*, Points, Éditions du Seuil, Paris, 1979, 265 p.

RIVIERE (J.), *Sur la génèse du conflit psychique dans la toute première enfance* in Développement de la psychanalyse, PUF, Vendôme, 1984, pp. 35-64.

SAURET (J.M.), *Croire. Approche psychanalytique de la croyance*, coll. Science de l'homme, Privat, Toulouse, 1982, 344 p.

WINNICOTT (D.W.), *Jeu et réalité*, NRF, Gallimard, Paris, 1975, 212 p.

WINNICOTT (D.W.), *La valeur d'une illusion* in Les stades de la libido, coll. Les grandes découvertes de la psychanalyse Tchou, Paris, 20 trimestre 1978, pp. 205-225.

WINNICOTT (D.W.), *Processus de maturation chez l'enfant*, PBP, Payot, Paris, 1983, 259 p.

OUVRAGES portant (directement ou non) sur l'occultisme

ALOUCHE (R.), *Le parcours du consultant* in *Un voyant dans la ville*, Payot, Paris, 1985, pp. 87-127.

BARTHES (R.), *Astrologie* in Mythologies, Points, Éditions du Seuil, Paris, 1970, pp. 165-168.

CAILLOIS (R.), *Préface* in *Les tarots des imagiers du Moyen-Âge*, Sand et Tchou, Condé-sur-Noireau, 1983, pp. 9-16.

CASTANEDA (C.), voir *(Les enseignements d'un sorcier yaqui)*, Folio/essais, Gallimard, Sarthe, 1973, 350 p.

CHEVALIER (J.), GHEERBRANT (A.), *Le dictionnaire des symboles*, coll. Bouquins, Laffont/Jupiter, Paris, 1982, 1060 p.

DESSUART (J.) et (A.), *La voyance*, coll. Que sais-je ?, PUF, Paris, 1984, 127 p.

DEUTSCH (H.), *Processus occultes en cours d'analyse* in Télépathie Confrontations, Cahiers 10, Aubier-Montaigne, automne 1983, pp. 27-38.

DEVEREUX (G.), *Considérations psychanalytiques sur la divination* in *La divination* (II), PUF, Vendôme, 1968, pp. 452-471.

DURANG (G.), *Les structures anthropologiques de l'imaginaire*, Dunod, Bordas, Paris, 1984, 535 p.

ELIADE (M.), *La nostalgie des origines*, Idées, Gallimard, Paris, 1971, 310 p.

FALLOT (H.), MEYER (P.), *Faut-il croire à l'astrologie* in l'*Express* n° 1798, 27 décembre 1985, pp. 37-41.

FARRELL (D.), *Transmission de pensée, refoulement et avenir de la psychanalyse chez Freud* in *Télépathie, Confrontations*, Cahiers 10, Aubier-Montaigne, automne 1983, pp. 87-101.

FOURNIER (F.), *Magie et sorcellerie*, Ipomés, 1979, Paris, 444 p.

GEHLER (M.), *L'horoscope s'arrête à Mourmansk*, in l'*Événement du Jeudi*, N° 94, 21 août 1986, pp. 35-41.

GRANOFF (W.), REY (J.-M.), *L'occulte, objet de la pensée freudienne*, PUF, Vendôme, 1979, 239 p.

LAPLANTINE (F.), (sous la direction de), *Un voyant dans la ville*, Payot, Paris, 1985, 263 p.

MAJOR (R.), MILLER (P.), *Empathie, antipathie, télépathie dans le processus analytique* in *Télépathie, Confrontations,* Cahiers 10, Aubier-Montaigne, automne 1983, pp. 71-85.

MARTEAU (P.), *Le Tarot de Marseille*, Arts et Métiers Graphiques, Paris, 1949, 280 p.

MAZON (P.), (traduction de), *Tragédies de Sophocle*, Société les belles lettres, Paris, 1963, 659 p.

MONTRELAY (M.), *Lieux et Génies* in *Télépathie, Confrontations*, Cahiers 10, Aubier-Montaigne, automne 1983, pp. 111-125.

MORIN (E.), (sous la direction de), *La croyance astrologique moderne*, l'Âge d'Homme, Lausanne, 1981, 211 p.

ROSNY (E. de), *Les yeux de ma chèvre*, coll. Terre humaine, Plon, Paris, 1981, 415 p.

SERY (P.), *Ces voyantes qui nous gouvernent*, in l'*Express*, N° 1537, 20 décembre 1980, pp. 63-67.

ÉCHANTILLON DE 150 CLIENTS				
N°	Sexe	Age	Profession	Situation famille
1	F	26	secrétaire	C
2	F	53	couturière	M
3	F	48	commerce	M
4	F	19	chômage	C
5	F	50	chômage	D
6	F	31	secrétaire	D
7	F	26	secrétaire	C
8	F	40	comptable	M
9	F	39	secrétaire	D
10	F	34	sage-femme	C
11	F	52	décoratrice	M
12	F	24	vente	C
13	M	51	médecin	D
14	F	32	employée	D
15	M	53	chirurgien	D
16	F	52	enseignante	M
17	F	26	commerce	D
18	M	32	chômage	C
19	M	46	commerce	M
20	F	25	institutrice	C
21	F	47	secrétaire	D
22	F	18	étudiante	C
23	F	31	secrétaire	D
24	F	33	comptable	C
25	F	32	chômage	D
26	F	37	infirmière	D
27	F	31	chômage	M
28	F	47	représentante	D
29	F	43	secrétaire	D
30	F	23	vente	C

N°	Sexe	Age	Profession	Situation famille
31	F	37	fonctionnaire	M
32	F	32	chômage	D
33	M	31	éducateur	C
34	F	24	chômage	C
35	F	55	couturière	M
36	F	30	sans	M
37	F	41	chômage	D
38	F	43	représentante	C
39	M	25	coiffeur	C
40	F	30	infirmière	C
41	F	24	vente	C
42	M	32	fonctionnaire	M
43	M	24	instituteur	C
44	F	34	chômage	M
45	F	30	sans	M
46	F	26	employée	C
47	M	36	artisan	D
48	F	30	secrétaire	C
49	F	35	éducatrice	D
50	F	27	employée	C
51	M	46	enseignant	M
52	M	26	ouvrier	D
53	F	34	employée	D
54	F	59	standardiste	V
55	F	38	chômage	M
56	M	36	commerce	D
57	F	41	comptable	M
58	F	46	commerce	D
59	F	40	secrétaire	C
60	F	52	femme ménage	M
61	M	30	fonctionnaire	D
62	F	31	infirmière	C
63	F	33	chômage	D
64	F	37	chômage	M

N°	Sexe	Age	Profession	Situation famille
65	F	47	commerce	M
66	F	27	chômage	M
67	M	50	commerce	D
68	F	50	fonctionnaire	V
69	F	28	styliste	C
70	M	22	étudiant	C
71	F	46	coiffeuse	M
72	M	36	éleveur	D
73	F	27	secrétaire	C
74	M	26	artisan	M
75	F	28	secrétaire	C
76	F	47	sans	M
77	F	41	comptable	D
78	F	34	employée	C
79	M	24	chômage	C
80	M	37	commerce	D
81	M	27	ambulancier	M
82	F	38	ouvrière	D
83	F	47	chômage	D
84	F	49	commerce	M
85	F	37	comptable	D
86	F	35	chômage	M
87	M	24	informaticien	C
88	F	85	retraité	V
89	F	28	infirmière	C
90	F	35	secrétaire	M
91	F	23	sans	M
92	M	47	enseignant	D
93	F	36	employée	M
94	F	34	sans	M
95	F	40	fonctionnaire	D
96	F	33	employée	D
97	F	72	retraitée	V
98	F	48	sans	M

N°	Sexe	Age	Profession	Situation famille
99	M	32	commerce	M
100	M	49	représentant	D
101	F	25	infirmière	M
102	M	28	ouvrier	C
103	F	66	retraitée	V
104	F	25	sans	M
105	F	61	retraitée	M
106	M	44	artisan	D
107	F	51	commerce	D
108	M	62	restaurateur	M
109	F	36	secrétaire	D
110	F	26	instituteur	C
111	F	39	secrétaire	D
112	F	43	dentiste	V
113	M	35	artisan	D
114	F	28	sans	M
115	F	22	étudiante	C
116	M	42	médecin	D
117	F	68	retraitée	M
118	F	40	secrétaire	D
119	F	27	mannequin	C
120	M	23	étudiant	C
121	M	22	étudiant	C
122	M	39	commerce	D
123	F	73	retraitée	V
124	M	53	commerce	M
125	F	30	chômage	C
126	M	21	chômage	C
127	F	63	retraitée	M
128	F	24	étudiante	M
129	M	34	comptable	D
130	F	37	commerce	M
131	F	26	secrétaire	M
132	F	25	secrétaire	C

N°	Sexe	Age	Profession	Situation famille
133	F	35	employée	D
134	M	26	entrepreneur	C
135	F	26	hôtesse	C
136	M	50	représentant	D
137	M	29	artisan	M
138	F	28	infirmière	C
139	M	34	représentant	D
140	F	64	commerce	M
141	F	53	commerce	D
142	F	52	employée	V
143	F	19	vente	C
144	F	55	coiffeuse	D
145	F	51	sans	M
146	F	69	retraitée	V
147	M	35	commerce	M
148	M	57	représentant	D
149	M	22	pâtissier	M
150	F	17	chômage	C

REMERCIEMENTS

Je dois, pour une large part, l'écriture de ce livre à Claudine Vacheret, qui a éclairé de son savoir ma route obscure et escarpée. Je remercie Odile Carré de m'avoir accordé sa confiance (ce qui pouvait représenter quelques risques).
Toute ma gratitude également à Janie, Patricia, Thierry et Didier, dévoués auditeurs, pour leur disponibilité et leurs précieux conseils.

*

*   *

TABLE DES MATIÈRES

Achevé d'imprimer en mai 1992
sur presse CAMERON
dans les ateliers de la S.E.P.C.
à Saint-Amand-Montrond (Cher)

N° d'impression : 1037.
Dépôt légal : mai 1992.

Imprimé en France